30歲開始，理財不焦慮

——從斷捨離開始的金錢整理

30節約男子／著

PART 1
以前是月光族又怎樣？

PART 2
30歲存到人生第一個10萬

PART 3

買不買房，都應該先想想這些事

PART 4

15個月存到100萬

PART 5
疫情之後的反思

PART 6
只要能累積財富，慢慢來也沒關係

自序

從低薪又負債的30歲，到堅定又從容的32歲

嗨！我是30節約男子，非常謝謝你翻開這本書！

關於30歲，你有什麼樣的想像？

小時候想像30歲，應該是個小有成就，過得還不錯的年紀吧！但現實總是殘酷，我非但沒有職場成就，還欠下一堆債務。二〇二〇年，我因為疫情關係從日本辭掉工作回台灣，身上沒有錢支付防疫旅館的費用，也沒有能與其他人競爭的專長，投了履歷都石沉大海，最後幸運應徵上一份月薪33K的工作，反而成為我翻轉人生的珍貴工作。

「30節約男子」這個IG帳號是我在台灣疫情嚴重時成立，二〇二一年五月居家上班期間，我想或許可以利用節省下來的通勤時間找點事情做，又加上我想整理自身的財務狀況，好好擺脫月光族的身分，於是以在IG公開記錄薪資的方式，讓公眾的力量約束我，也激勵自己養成儲蓄習慣。經營一陣子後，發現事情的發展超乎想像，我竟然不知不覺帶動起記錄薪資和存款的風潮！許多人也開始經營起投資理財的自媒體帳號，我才發現即使像我一樣普通的上班族，都擁有影響他人的能力，如果這個影響是正向的話，我就應該繼續堅持下去。

一開始我的自我介紹是30歲33K上班族，寫下的口號是「因為低薪，所以更要存錢！」，我效仿日本的家政婦理財帳號，試著記錄在台北領低薪的生活，以這樣的薪資藉由節約、理財還是有辦法生存下來。我以為自己只是單純地像其他人一樣記錄生活而已，但隨著貼文創作和粉絲數的增長，我才知道這樣低薪、負債的30歲，原來在很多人眼裡是失敗的，期間也接收到不少批評和嘲笑訊息，但不管是薪資也好、惡意的訊息也好，這些對我而言都只是人生的過程，我不會因為外在事物而影響我的內心。

同時也收到無數感謝我的訊息，他們說：「你的出現讓我感覺小資族還有希望！」「謝謝你的溫暖文字。」「因為你，我也開啟了自己的斜槓之路。」「你的文章平易近人，好有共鳴！」我也很感謝能夠透過文字創作，將自己內心深處的脆弱、不安、叛逆、堅強寫出來，這些貼文都是我的一小部分，很高興能夠被認同和喜歡。

在職斜槓兩年多後離開原本的公司，我的IG收入突破百萬元，業外收入已經高於正職收入，我選擇當個全職的自媒體工作者，利用我賺來的時間，好好過自己的理想生活，不想受限於公司的體制，也不想人生只有微薄的薪水過活。我必須改變過往的消費習慣和窮思維，斷捨離是我理財的第一步，它協助我釐清內心真正需求，讓我不再過著追逐錢的生活，也成功跳脫出不理智消費後賺錢的痛苦迴圈。

我也曾經非常迷惘，不清楚應該做什麼工作，只是不斷地摸索和嘗試，冒險過程也時常不被認同，就這樣跌跌撞撞到30歲，直到成立自媒體後，我才慢慢找到自己適合發展的方向，也因為收入的提升、他人的肯定，更相信自己的能力，不再懷疑自己。

很感謝如何出版社在二〇二二年九月找我出書，寫下的每個字都勾起了過往回憶，也再一次的梳理人生，從斷捨離開始的財務整理，以自己喜歡的慢，接住這世界的快，小資族也能過得不焦慮，從容地面對各種金錢困境。

Part 1

以前是月光族又怎樣？

1991 07 30 - 2021 05 30

從國小開始打工，卻沒有金錢危機意識

我從29歲開始學習如何理財，在那之前我是月光族。

經歷過月底戶頭領不出1千元的日子，還得將各個銀行裡的餘額東拼西湊才有辦法將錢領出來，在那幾天可能會有點恐慌，不過一到發薪日就會將這種不安拋諸腦後，繼續邀約朋友吃大餐、跑咖啡店，金錢流失得很快，沒有意識地使用錢，也不考慮物品的需求性。理財這件事好像一直與我無關，明明從小學就開始打工，卻沒有將錢的重要性放在心上。

我出身單親家庭，我們很早就與爸爸分居，家庭經濟支柱只有媽媽，她獨力將四個孩子拉拔長大。我們算是從小在市場裡長大，早上上課時我媽就會去

菜市場賣衣服，夜晚則帶我們去夜市擺攤，幾乎全年無休的持續了許多年，後期因為市場的生意逐漸變差，轉而改至成衣廠工作，以件數計薪，只要多做當月薪資也就會跟著提高，也因此媽媽經常從早上八點工作到晚上十一點左右才下班。

我們的學雜費、生活費開銷龐大，小學時為了分擔家中經濟，下課後就會去親戚的成衣廠打工，做些修剪衣服線頭和整理衣物的簡易工作，開啟了我的第一份打工經驗，那時修剪一件背心線頭是0.5元，一個月下來雖然只有幾千元，但對當時的家庭狀況來說是有幫助的。

雖然小時候媽媽會叮嚀要將賺來的錢多少存一些下來，但我基本上也聽不太進去，每個月就只是做了領薪這個動作，接著繼續工作再把錢花掉，自然而然地將這個習慣帶到了成年，從小養成的行為已根深柢固，只要賺到的這些錢可以滿足現在的生活需求或購物欲，那麼我就會花掉它，並不會做什麼金錢規畫，總覺得工作很辛苦，及時行樂沒有不好。

或許是被保護得太好了，成長過程也衣食無缺，過於安逸的生活讓我對於未來沒有什麼危機意識。擁有金錢危機意識是好事，沒人知道未來會發生什麼事需要用錢解決，如果能提早意識到金錢的重要，就會更有動力將錢存下。存下每一筆錢，未來的自己都會感謝你。

反思筆記

○要消除月底沒錢的恐慌，就得有意識地使用金錢。

跳脫原生家庭的價值觀

我們學習理財的對象，最初一定是源自於家庭環境，父母的用錢態度、價值觀會深深影響小孩，從一個小孩是否節儉、用錢是否揮霍都能看到家長的影子。

我們家從以前就是能不談錢就不談錢，只要跟錢有關的話題都會直接讓空氣凝結，這與當時的經濟壓力有關，說出錢的需求就會不自覺帶來壓力，雖然媽媽總是無私奉獻一切，很少拒絕我們的請求，但我們還是會避免在家中討論錢的事。學校也從來不會教導你如何用錢，甚至有些家長也覺得不要在孩子面前討論錢的話題，好像談到錢就會傷感情，或是造成孩子不好的觀感。

彼此間的顧慮，將原本該好好正視的家庭理財議題越踢越遠，但這似乎是台灣家庭常見的隱憂，並且會造成一個負面循環：家長如果本身沒有做好財務規畫，小孩可能會有樣學樣地模仿父母的行為，複製父母平時的花錢模式，不清楚將錢花到哪去，很容易對於財務管理感到迷惘。

雖然不能完全歸咎於家長沒有教育孩子理財，但我們大多都是隱約地從父母給予的價值觀看這個世界的。日常的潛移默化會不斷刺激大腦，讓我們做出從小到大最習慣的行為模式，而幾乎不會覺得哪裡出了問題，因為周遭環境就是如此，大家都是這樣生活過來的，以前可以，現在應該也能以同樣模式繼續過下去吧？

但其實這也容易造成階級複製的問題，使得貧者越貧，富者越富。我們接收到的世界觀，有時會侷限我們的大腦想像，如果一直沒有突破那個思想的疆界，或是透過學習讓自身的思維提升到更高的層次、接觸到更多在各領域有所成就的人，有可能就會停留在原地沒有成長，這會直接影響到我們是否能賺到更多錢、是否能過著不為錢困擾的人生。

我們不一定得全盤接受原生家庭的價值觀，當我們接觸到更多人、看過更多事物時，可能會發現自己的思維逐漸拓展，過去被教育的那些想法可能不適合現在的自己，所以要跳脫出那個框架，你要相信自己能變得更好。

反思筆記

○回顧原生家庭的價值觀如何影響你，是否與現在自己的價值觀相符。

○不要畏懼在家中談到錢，理財應該融入日常話題中。

理財必須與時俱進

即使是現在理財資訊普及化，身旁還是有很多朋友不敢接觸股票，他們認為風險太大，好好將錢存在銀行比較保險。以前存在銀行裡就能享有高利息，長輩就會將錢放進銀行，時間一到就能領到一筆不錯的利息，幾乎不用動腦就能順利存下一筆錢，銀行又幾乎不會倒閉，所以定存在過去是一個很好的理財選擇。

但現在的經濟背景已經不同了，薪資沒有跟著物價漲之外，銀行利率已經低到谷底，放在銀行定存的錢只能等著被通膨吃掉。但沒有相關理財知識的家長，還是會希望小孩將錢存在風險低的銀行裡，殊不知領到的銀行利息可能低得嚇人，錢的價值也隨著時間減少。

又例如投資股票，從小就常聽大人說誰投資股票失利賠了多少錢，或是因為選錯股票而傾家蕩產……諸如此類的事在孩童時期聽進耳裡，自然就會對股票產生不好的觀感，認為這是很聰明的人才能夠操作的東西，如果一個不小心可能會跌得粉身碎骨甚至破產，造成日後開始工作賺錢會下意識地遠離股票。

這些其實都與家庭給予你的觀念有關，畢竟關於錢的事情我們不會輕易地相信陌生人給的建議，一開始一定會是參考父母的經驗，而父母給予我們的觀念，則會影響我們日後用錢態度。

開始學習投資理財知識後，一定會了解其實只要不盲目跟從別人報的明牌，或是做短線交易，而是將錢投入穩定成長的公司，以長期定期定額投資的方式，也能獲得不錯的報酬，但前提是投資得夠自律，且不輕易地因股市波動而賣掉股票，並將領到的股息再投入本金，等待時間發酵，慢慢創造自己的被動收入。

我相信要變有錢就得透過投資，如果只是一味將錢存下，那麼資產的增漲幅度就非常有限，且有可能一輩子都得為了錢而工作。保持開闊的心胸並多學習相關知識，跟著時代變化前進，不要讓自己停留在舊時代的理財方式。

反思筆記

○將錢放對地方，不讓通貨膨脹吃掉你的錢。如果要放在銀行，建議放在有高利活存的銀行裡。

○聽取長輩建議之餘，仍要有自己的決斷能力，投資股票沒有想像中恐怖，透過學習可以化解股票迷思。

努力擺脫月光族的標籤

檢視我過去的消費習慣，會成為多年的月光族就一點也不意外了。

大學第一次去外面打工，除了要適應環境，加上從事服務業有時會遇到奧客，心情很容易被影響一整天，下班後的紓壓就顯得重要，不是拿去買喜歡的衣服，就是找朋友聚餐，而錢就在這之中悄悄地消失。當時覺得無所謂，青春只有一次，現在不享受之後一定會後悔吧！那時好像只是單純把錢當作滿足當下欲望的工具，使用後能感受到快樂，但快樂都是短暫的，並不長久。

身旁朋友也很少聊到投資理財的事，平時聊的是哪部電影好看、哪本書內容在講什麼、哪間咖啡店的蛋糕好吃等，印象中的大學生活就是如此度過的，或許也跟藝術大學的校園風氣有關，喜歡藝術的同學們聚在一起，也比較少討論到生硬的理財知識，有的話也是快速帶過。尤其十幾年前一般學生對於投資理財仍只有模糊概念，YouTube 還不像現在成熟發展，有各種的理財型影片可以觀看，當時我認為理財是跟數字相關的知識，就選擇遠離，完全不想接觸，覺得太難了。

賺到錢後就拿去換成我喜歡的東西，這樣才能帶來滿足。我喜歡花錢的感覺，一天沒花到錢就好像哪裡怪怪的，毫無金錢危機感，一方面是我樂天的個性使然，認為凡事總是會度過的；一方面則認為就算這個月沒錢了，下個月再賺回來就好了。

當時不理解儲蓄緊急備用金，之後可以利用閒錢投資股票錢滾錢的原理，時間複利的概念與我就像處在平行時空，本身對於理財的抗拒，也讓我錯過了第一個十年可以讓錢增值的機會。

身為月光族這麼久了，真的有辦法擺脫這個標籤嗎？答案是可以的。

許多人都因自己是月光族或是身上有多種債務，再對比同年齡朋友的事業有成、資產多寡，覺得自己一直在原地踏步，不知如何改變，最後乾脆選擇放棄。但理財是有方法且要循序漸進的，我花了一年多時間開源節流，一點一點將錢存下，正式撕掉月光族的標籤，下一章將會完整介紹理財步驟和方式。

反思筆記

○身處的朋友圈會影響接觸的人事物，跨出同溫層，多接觸有在投資理財的朋友，你將會有所收穫。

○不先入為主的排斥理財這件事，理財並不困難，只是我們想得太複雜。

零存款去日本留學

大學時上網搜尋「日本留學」，我發現有個交換留學的方式，只付台灣學校的學費，就能夠到國外學校就讀，這種留學形式對於家裡沒辦法提供龐大留學經費的我來說，是非常讓人眼睛為之一亮的。於是我開始蒐集相關資料，辦理相關語言檢定及獎學金申請手續，以支付在日本的各種花費。

為了順利申請，必須考過日文檢定N2，和在校成績維持在班排名前五名，對我來說是件不容易的事，因為我超級不愛念書，但既然對出國留學的憧憬燃起了心中熱情，就這樣花了兩年全力衝刺學業。

當時只有一間日本女子美術大學對應我可以申請的系所，名額也只有一個，我心想怎麼可能申請得上，但我不想白費這兩年的努力，還是不管三七二十一送出申請表，結果出乎意料地獲得教育部獎學金和交換生資格。不過我以為等著九月開學就好，沒想到另一件有關於金錢的事再次衝擊了我。

日本學校的承辦人員寄了一封信給我，內容是關於宿舍的選擇以及必須攜帶的資料，其中一項是要先給台灣學校職員的銀行財力證明，學校職員說銀行戶頭裡必須有幾十萬元存款，以證明我在日本是可以生存下去的。

眼見不久後就要出國，我也顧不及面子問題，四處向親朋好友籌錢，跟他們保證在開完銀行戶頭存款證明後，就會將錢轉帳歸還。很感謝家人、高中好友和朋友的協助，在短短的兩天內就湊到了近40萬元，讓我放下心中的一顆大石頭。

出國前仍是沒有存下太多錢，幾乎是在零存款的狀態下就展開留學之旅。

日本留學宿舍提供一日兩餐，水電瓦斯都包含在每個月的住宿費，其實是非常划算的。領到獎學金後，我先付了半年的宿舍費用，剩餘的錢就先放著以備不時之需。基本上，獎學金只夠支付半年住宿費，其餘生活支出都得自己負擔。我一個人在國外不敢亂花錢，在還沒找到打工之前，連一罐可樂都不敢買，我就趁吃早晚餐時狂喝食堂裡的無糖麥茶，能在食堂吃飽就盡量吃飽，直到後來找到一份便利商店的打工後，有了收入才比較放鬆一點。

距離宿舍單趟通勤一個多小時的便利商店，時薪980日圓，有全額交通補助，留學生有限制一週工時只能28小時，雖然每月薪水不高，但可以免費吃店內即期商品，所以省下了大部分生活開銷。後來在這間便利商店打工到學期結束，因這份打工讓我支付了下半年的宿舍費用和日常費用，也讓我認識了來自世界各地的朋友，是很珍貴的回憶！

現在回想起來，那次出國留學真的很冒險，或許當時就是擁有某種執著與傻勁才能讓我圓夢。常抱持著自己一定可以度過的心態去面對每個困境，自然就會找到方法解決。

反思筆記

○計畫任何事前，都得衡量自身的財務狀況，準備足夠的存款，再進行下一步會更心安。

○別人沒有義務為你的夢想負責，對願意幫助你的人都要心存感恩。

開口借錢前，先審視自己的財務

我的第一筆債務不是大學學貸，而是從小到大積欠姊姊的錢，前前後後也累積了10幾萬元。年輕時不懂事，時常還沒找到下份打工就輕易裸辭，加上有段期間準備轉學考，所以沒有工作時都是先跟姊姊借錢來紓困。

我是家裡排行年紀最小的，養成了一個非常不好的習慣，就是每當手頭緊時，就會開口向家人借，有了幾次的借貸經驗後，不知不覺就會延續這種壞習慣，也讓債務越積越多。初踏入職場，身上的債務已經快累積到30萬了。

之後找了一間在台灣頗知名的服飾公司，擔任服飾的圖案設計師，月薪3萬2千元，進公司沒多久後，我的電腦桌布換上了一張六本木的街景照，提醒自己未來去日本工作的可能性。

當家人和我以為，終於有個看似穩定的大公司，可以讓我定下心來好好的累積工作經驗，並且專心還那筆30萬的債務時，心裡想去日本工作的種子竟莫名萌芽了。轉捩點是朋友因工作不順心，想要逃離職場去日本念語言學校，問我要不要再去日本生活一次。

我心想，這是一個好機會，畢竟上次留學是一個人去，這次如果有個伴或許會有不一樣的感受。於是我跟朋友表明自己的存款狀況，朋友說他可以先借我25萬元左右，到日本找到工作後再慢慢還他，因此我的債務又增添一筆不小數字。

當然在借錢之前，必須評估自己能承受多大的風險，是否能準時還款以及釐清借貸利率問題。如果跟我一樣多數都是跟家人朋友借的，或許還能商量延後還款或是不計算利息；借錢後也要定期審視目前債務狀況，假設有生涯規畫要考慮離職，也得思考離職後是否能負擔這些債務。

人生中一定都會有借貸的行為產生，以前會認為身上有欠債是不好的事，但接觸越多投資理財的知識後才發現，原來許多有錢人之所以有錢，多數都是藉由貸款來增加資產累積的速度，不過前提是必須清楚資金運用方式和它可能帶來的風險。

反思筆記

○不輕易裸辭，尤其有債務在身時，建議先找好工作再離職。

○定期審視自己的債務狀況：每月需還款多少錢、還要還多久，以及離職後是否有辦法負擔。

負債55萬元，我為何還是很樂觀？

27歲到日本打工時，我的負債累積到了約55萬元。

那時還沒實際計算我到底欠了多少錢，不懂自己要天真爛漫到什麼程度才會醒悟，還辦了日本的信用卡以防自己臨時要買東西，結果愛上信用卡方便的分期付款功能，只要金額稍大的都可以線上分期，攤還下來每個月只要花少少的錢就能擁有那個東西。加上日本打工的月薪，被扣除的所得稅額沒有像一般日本上班族這麼多，所以平均月薪都有約6萬5千元台幣，對我來說是足夠在日本生活的。

但在異地工作的疲憊感是在台灣的好幾倍，所以又開始想要犒賞自己辛苦工作，這種心情很明顯地直接表現在購物和餐費上。雖然我不是個會購買昂貴物品的人，但小錢累積下來是很可怕的，當你沒有控制自己的購物欲望，也不清楚每個月的開銷狀況時，錢就是這樣一點一滴地從身邊溜走。

當沒有明確的目標時，就不會想去培養儲蓄習慣。儘管我積欠親友這麼多錢，還是沒有從中學習到，我現在擁有的事物其實大多數都是用錢堆疊出來的，譬如教育費、出國交換的存款證明、出國打工的預備金……我只會不斷地借錢來滿足自身需求，錯誤的觀念竟也伴隨我到29歲。

但累積了這麼多債務，心情卻意外平靜。

保持豁達樂觀的心情對於理財是有幫助的，我認為債務這件事終究得解決，就不去煩惱為何要借這麼多錢，過去一定有自己的理由，我選擇不糾結於過去發生的事情，因為我了解這樣對我並沒有太大幫助，重要的是現在和未來能做哪些事去改善。如果是可以解決的事，現在就不用太過煩惱。

反思筆記

○月光族要留意信用卡分期付款功能，很容易就花超過自己每月能支付的金額，建議先以現金支付，慢慢改掉這個消費習慣。

○對於債務不過度焦慮，試著找出適合自己的還債方式，好好面對它。

日本逃亡之旅的金錢啟發

二〇二〇年初爆發新冠肺炎，當時在日本打工度假的我，因為從事精品服務業，店面又位於東京精華地段表參道上，首當其衝會面對來自世界各地的人，當時全世界新聞報得人心惶惶，各種駭人影片也隨之流傳。在面對未知的事物時，人的內心會非常恐懼，這件事也反映在街上的人流和來客數，最後公司選擇分流上班，而屬於派遣社員的我，就被砍了一半左右的班，直接影響每個月的收入。

那時病毒完全是看不到盡頭的無限擴散，我不知道該怎麼面對當下的窘境，身旁朋友有的被裁員、有的直接回自己國家避難，而我也在一陣混亂中聽取家人的建議：先回台灣吧！

我和同住友人決定回台灣後，整理房子和賣掉剛買沒多久的家具、家電，心裡雖然有點不捨，但當下的想法是留得青山在，不怕沒柴燒，之後等疫情趨緩想去日本再去也不遲。

等待回台灣的那幾週，我收到姊姊的訊息：「我幫你付防疫旅館的錢，你不用擔心，就先回來再說吧！」

收到訊息的當下，我的內心是非常愧疚的。當時明明是想出國多賺點錢累積海外經驗，並讓家人感到驕傲的，畢竟家裡沒有像我一樣留學過又在海外工作的人，但到頭來竟然還是一無所有且負債累累。從小到大我好像都沒有改變，一點都沒有從過去學習到教訓，連防疫旅館的錢都付不出來。

就這樣伴隨著恐懼離開了日本，說是逃亡一點也不為過。

逃亡過程中，我不斷思考過往的事，為何總是恣意的亂花錢？辛苦工作賺錢再花掉的意義究竟在哪？我是否真的從購物中獲得想要的滿足感？答案是否定的，很多時候我們只是單純的受到欲望驅使而消費，並不是真的需要那個物品或服務。而不夠成熟的心態也會讓金錢流失，我們總喜歡創造一個別人眼中的自己，買了許多東西其實不是為了自己，而是為了買給他人看，過度在意他人眼光和不理智消費，造就了月光族的誕生。

在防疫旅館隔離的那段期間，我試著整理複雜的情緒，梳理發生在我身上的一切。

逃亡時戶頭沒有存款，無法依靠自己解決難關，對此我是感到沮喪的，開始懷疑自己的人生到底都做了些什麼，總是在急難時刻沒辦法自救，還得向他人借錢才能度過難關。我開始很不喜歡這樣的自己，覺得如果再不做出改變，日後遇到同樣問題，還是會卡關無法突破。

回顧過往的金錢觀，我發現對於理財的不積極、不重視，導致未來的自己會很辛苦。享受當下並沒有不好，但隨著年紀增長、身體老化、工作動能降低、天災人禍……都會直接影響到工作和收入來源，我們永遠不知道下一波經濟衝擊會是何時，曾經認為穩定的工作不再穩定，繁華的街道成了空城，世界其實一直都在快速地變化著，只是當時的我選擇視而不見。

我被疫情和零存款的無力感嚇到了，我想改變，不想再過從前那樣沒錢的生活了。

反思筆記

○ 消費前多思考幾分鐘，花光錢再辛苦賺錢的輪迴，真的讓你快樂嗎？

Part 2

30歲存到人生第一個10萬

1991 07 30 - 2021 05 30

“

從斷捨離開始

透過斷捨離找回內在需求，讓我了解
再多的外在包裝都只是一時的新鮮感。

”

33K上班族展開下班斜槓人生

我在防疫旅館看求職網站邊投履歷，第一次一口氣投這麼多履歷，卻都像沉入大海無聲無息。我了解自己一直都沒有一個專業，每份工作都待得不久，又接近30歲，應該在很多公司人資眼裡，我就是一個不知道在幹嘛的人。相較很多人從大學時期開始進入企業實習，一步步精心規畫之後的職涯發展，我不管是工作經驗或是學歷都不出色，甚至還不知道自己該做什麼工作才好，只是不斷地嘗試摸索著。

雖然有出國留學和工作經驗，但我沒有視為優勢，因為我沒有選擇日商或日文相關工作。很多人問我，為什麼不好好利用這些優勢來找工作？很大部分原因是我清楚在日本工作的那段期間，對很多職場文化感到不適應，以及回台後並不是很憧憬日商，這些海外經歷就只會成為我生命中的養分，不會變成職場利器。

有人會覺得這樣是白白浪費了過去的時間，但我認為，過去都只是在篩選哪個經驗適合我，每個經驗都會疊加在我的思想上，構築成現在的我，如果不適合自己的，就果斷地拋下，再找尋下一個就好了，如果讓經驗形成框架，侷限自己的發展，會錯失更多機會。

29歲那年，我給自己一個重新開始的機會，找到這份工作時我是非常高興的，儘管它只有33K薪資，但我知道可以開始將債務一一還清，也能夠為自己的經濟負責。在這個歲數能體悟到金錢的重要性其實還算早，假設平均65歲退休，還有三十幾年可以好好規畫退休金，學習理財投資加上自己勤奮存錢，相信未來不會過得太差，我有這樣的信念開始到現在維持了兩年多的時間，還完了學貸、朋友借款，還存下了一些錢！

工作兩年後被加薪1千多元，薪資是3萬4千5百元，因公司體制關係，通常只有升職才有機會調薪，這次的調薪是老闆和主管給我的肯定。原本我一直認定這間公司不會調薪，所以利用下班時間斜槓經營IG帳號，接業配賺錢替自己加薪，也因為逐漸多了一些收入來源，開始有種安靜離職的心態，依然把份內事做到好，讓主管滿意，但我不追求職場的升遷或想像有其他發展可能，因為下班後的副業自由度更高，且從中找到了熱情。

我相信下班的斜槓模式能帶來更多的收入來源，這與疫情之下帶給我的思想衝擊有關。我開始意識到，人們常說投資股票不要將雞蛋放在同一個籃子裡，但我們全心投入一份工作，難道就不是高風險的行為嗎？只有一個收入來源，如果之後又遇到相同的全球經濟危機，公司開始縮編、裁員、減薪時，亦或是AI科技的崛起，取代許多行業的工作，屆時可能已經中年、老年的我們，還有辦法再像年輕時一樣找工作嗎？難度一定會提升非常多。

從斷捨離開始的存錢之旅

一開始聽到「斷捨離」時，心想不就只是整理環境、丟丟物品嗎？為什麼很多人都提倡每個人都應該適當地斷捨離？等到我開始執行斷捨離後，才了解原來除了整理當下環境之外，多年的壞習慣也會隨著整理的過程浮現出來，例如我的囤物症、亂蒐集、購買不必要東西的癖好，這些習慣一直都隱藏在內心角落，只有我接受並面對這個問題時，才有機會改善。

開始斷捨離是從日本返回台灣時，當我回家整理從日本寄回的包裹，再看房間裡那些我沒在使用的物品，所有東西都在等著我好好整理，頓時覺得明明我是處在負債的狀態，為什麼可以買進這麼多東西堆積在房間，許多東西都只用過一次，或是好幾年沒用了，零散地占據房間許多角落。

我開始反思，為什麼要跟這些無用物品一起生活，會不會跟我的成長環境有關呢？

將視角延伸到家裡的環境，我發現一個很驚人的事實：在還沒有意識到斷捨離這件事時，我是一個對家裡凌亂無感的人，已經習慣了這樣的生活型態，不會特別想去改變。我還會用一句話來合理化這些無法丟棄的囤積物：「以後應該還用得到，先放著吧！」而那些被我們視為以後還會用到的物品，就會躲在家裡的某個空間裡，除非家裡其中一個人狠下心處理掉，不然那些東西就會永遠在那。

我先從房間開始整理，把看起來能夠拿到網站上販售的集中在一起，再把剩餘的東西送人、丟棄、回收。整理的過程中，我發現自己變得有點狠心，與過去的自己處於對峙狀態，我捨不得丟棄，也不小心把丟棄這個行為與浪費兩個字連結在一起。

但後來我才了解，當我沒在使用這個物品時，它不僅占據了空間，同時不使用其實也是種浪費。一個小小的轉念，我卻練習好久，在每次整理舊物品時，難免會陷入情感掙扎中，這個是誰送我的、那個是我花多少錢買到的，但我告訴自己：把一切都留在過去吧，很多事情過去就是過去了，太依戀過去的人很難走向未來。

反思筆記

○ 斷捨離過程中的內心掙扎，都是在逐漸成長的表現。

斷捨離要做什麼？

斷捨離是一件神奇的事，它會協助你篩選掉不適合自己的，只留下真心喜愛的。在還沒有選擇哪些東西要留在身旁時，每個物品都像是同等重要，心中的秤子一直在左右搖擺不定，這其實並不是好事，表示很多事情猶豫太久，正代表你不夠了解自己真正的喜好。

了解內心需求，可以幫助你做出更適合自己的決定。不用聽取太多旁人的建議，人生的選擇權在自己身上，可以為自己做出對的選擇，這也是斷捨離教會我的事，因為我們一生中都不斷地在選擇中度過，該如何篩選就顯得重要。

人生的旅途很長也很短，我們不知道何時會離開這個世界，離開時留下的物品該由誰處理，是否又會造成親人困擾呢？這是一件值得我們思考的事。

大學時在補習班上日文課，有天老師與我們分享她的爸爸高齡離開人世後，她要花很多時間處理他遺留下來的銀行帳號，原因是戶頭裡有一些餘額，老師必須一間一間銀行跑將帳號註銷。這個故事在我斷捨離時突然闖入腦海中，於是我一直放在心上，在一次次捨棄與留下的抉擇中，協助我持續進行下去。

初期整理時一定會猶豫，不妨設置一個猶豫區並訂個期限，如果時間到了還是沒使用到那個物品，就可以將它處理掉，一步步將身邊物品減少，只留下最重要的。

有些人從斷捨離到極簡主義，將家裡過於生活化的裝飾捨棄，家具盡量減少，布置得像樣品屋般，這樣的轉變是在斷捨離過程中，發現人需要的物品其實不多，將生活重心回歸到人本身，而身外之物只是維持日常所需的基本配備。將斷捨離、極簡融入日常，可以使人心情輕鬆無負擔，更能專注於自身想發展的事物；有些人則是追求色系、家具設計的統一，讓視覺感受更舒服。

雖然是從外在環境整理起，不過當我們在斷捨離的取捨之間，可以感覺到內心的變化，有時是拋下對過往的執著，更多時候則是感覺到內心被淨化了，對於許多事也就不再牽掛。

開始斷捨離時，區分「需要」與「想要」是一個重要的功課，我們常常是基於想要才購買的，這是非常正常的人類欲望，有些是別人擁有我也想要，有些則出自於自己的喜愛，更多人是為了讓別人羨慕而想要。

如果想讓生活與工作取得平衡，每月費用不超支，只要在購買前簡單區分兩者，就可以有效控管開銷。當自己認定眼前物品為想要時，就得好好評估一下是否有預算可以購買，如果沒有多餘的預算就不可以買，這是個很簡單的邏輯，沒有錢怎麼買？如果剛好有一筆預算可以使用，則可以換個角度思考，這個物品要花多少工作時間才能換到？反問自己願不願意花這麼多工時來換取眼前的商品，錢很難賺，真的有必要買進持有嗎？

不過如果有錢、也真的非常想要時怎麼辦？那就買吧！只要收支掌控好且存得了錢就好，用錢能滿足自己的欲望也是件很幸福的事。

反思筆記

○購物前區分需要和想要，能夠有效控管開銷。

斷絕無效社交，找回專注力

物品會有篩選完的一天，而人生並非只有物質需要斷捨離，人際關係其實也需要。

20幾歲時，我常聽前輩或朋友提到拓展人脈的重要性。本身個性古怪，不是那麼喜歡與人交際的我，對於這件事雖然表示認同，卻不想積極地去執行。為了建立人脈而主動接觸他人這件事，不太符合我的個性，且我一直認為所謂的人脈，得建立在雙方都能夠得到彼此心中的利益上。或許說來太過於功利導向，但社會是現實的，如果本身無法提供價值給對方，那麼當下的社交可能只會是短暫的，並不會帶來後續長期的發展。

因此我很鼓勵斷絕無效社交，不要花費金錢在對自己毫無幫助的聚會上，如果是好友們的聚餐倒是無所謂。應該將心力專注在發展自身的事業，好好地經營自己，就會有合適的人主動接近。將自我形象塑造得鮮明一點，讓他人想到某專業就會聯想到自己，那麼就不用汲汲營營地建立人脈，自然而然也就會成為別人眼中好的人脈。

無效社交花費的不僅是金錢，還有寶貴的時間，篩選掉無法帶給自己正面能量和學習成長的人，慢慢地你會發現過去花了這麼多錢在社交上，但實際收穫可能沒有想像中多。

篩選掉不適合自己的人事物，就不用分散心力顧及每件事，同時也能夠好好留住精力和金錢。現代社會上充斥太多誘惑，要維持專注力不是件容易的事，透過日常一點一點地斷捨離，會發現自我成長都在不知不覺中進行，只有在之後回首時才會了解平日的積累，都會在未來某一刻發生作用。

成長的過程不會一路順遂，在你實現每個目標中一定會有各種聲音冒出來，或許會讓你自我懷疑這樣的選擇是否正確，但凡事都得遵循內心的指示走，才有辦法做得順心，適時的拒絕他人也是斷捨離的必經之路，唯有了解自己需要做什麼，並且排除一切干擾，才能專心地達成目標。

如果此時此刻你無法好好沉澱下來，找不到一個靜下心的方法，不妨環顧一下四周是否有哪裡你覺得不順眼、可以好好整理的地方，先從捨棄一個物品開始做起吧！相信你會開始感受到內心對於物質的執念比想像中還要巨大，當你無法丟棄時，可以問問自己為何覺得這個物品會處於可丟又丟不掉的狀態，或是想想這個東西對你來說有什麼特殊意義嗎？如果沒有的話，留著是為了什麼呢？

專注力是現代人普遍缺乏的能力，凡事都過於快速，容易失去最核心的價值。遠離不適合的人、割捨掉多餘的物品、拋棄令人心煩的瑣事，藉由一次次練習，一定能慢慢感受到內心的舒暢，以及了解自己該專注在什麼事上。

反思筆記

○開始懂得拒絕他人後，會多出很多自己的時間和金錢。

斷捨離後，開始存到錢了

斷捨離後我真的存到錢了！重點整理我做了哪些事情：

①整理環境將物品分類，能上網販售的物品就賣掉。
②購物前先釐清是「需要」還是「想要」。
③學習拒絕，不花時間和金錢在無效社交上。

我把能販賣的書籍、二手衣都放在網路上販售，其實心情是複雜的，一方面想著讓下一個人好好再利用，是一個善的循環，可以發揮它最大的價值，而不是擺在倉庫等著發爛；一方面則思考當金錢換成自己喜歡的物品時，多數時候會隨著時間而逐漸降低它的價值，那麼為何要購買正價商品，以及為何要買下這個東西，是否有其他更好的方式能夠省下這筆開銷呢？

這一切的反省思考都在斷捨離過程中一一浮現，當我將斷捨離的思維慢慢地融入消費行為時，發現很多金錢不是省下的，而是根本不需要那些物品，所以沒必要花錢購買，我也才逐漸地能在斷捨離的過程中存下一些錢。

盤點了一下自己生活所需，其實真的不多！我不用很多物質來點綴生活，也能過得很好，多數時候我很懂得知足。珍惜眼前所擁有的並不容易，可以試著感恩它是如何來到你面前的，豐富的生活不是用物質堆疊出來的，而是我們用什麼視角去看待這個世界。在每一次拒絕他人聚會邀約時，要清楚自己是為了什麼這樣做，如果能把不去聚會的時間拿來多充實自己、默默地經營自己，等到有天真的達成目標了，好友也一定會為你的成長感到開心。

現在，我對於物質沒有太多的渴望，回想起曾經亂花錢的行為，會覺得不可思議。每個人擁有的空間都有限，如果日後不想再多花時間在整理上，減少囤物並保持一進一出原則，等到要汰換時再購買，試著為生活空間留白、多一些呼吸空間，光是視覺觀感就能讓心情保持愉悅。

你對於生活的安全感是來自哪裡？

戶頭裡有足夠存款，才是真正帶給我安全感的來源。過去總在賺了錢又花光錢的狀態下生活，對於金錢的不安，仍存在心裡某個角落。而透過斷捨離找回內在需求，逐漸讓我了解再多的外在包裝都只是一時的新鮮感，時間過了也就消失了，並不會讓我有被療癒的感受。

開始斷捨離到存下錢的過程可以是幾個月，也可能是幾年，每個人的時間長度不同，不需要一開始就做到極致，循序漸進會是比較符合人性的方式，這也是與內心的磨合過程。

“

存錢可以很簡單

我嘗試了許多小資存錢法，最後讓我真正存下錢的是最不用動腦的方法。

”

開始記帳三個月就好

每次當別人問我怎麼理財時，只要提到記帳兩個字，感覺大家都會退得遠遠的，一方面覺得要記下每筆生活開銷細項太麻煩，不然就是覺得以前記過帳，但依然沒有存下錢，認為記帳沒有太大作用。其實以前我也這樣認為，而且也失敗過非常多次！

第一次想要認真記帳，是在日本留學那年，我還在 Excel 上設計好表格，並將它列印下來方便每天填寫。因為當時考量留學經費有限，想說要好好記錄生活開支，殊不知大概只記錄一週就放棄了，後面十一個月的紙就拿來墊便當用。回想失敗的原因有以下幾個：

①過於追求每筆小錢也要記下來
②記帳的目的不夠明確
③應該選擇更快速方便記錄的方式

理財第一階段，可以透過記帳來釐清自己的財務狀況，如果你本身沒有記帳習慣，不要先入為主的覺得記帳是一件困難的事，因為記帳後才有辦法了解金錢的流向，以及該如何擬定每個月的預算，協助自己有意識地減少支出，增加儲蓄率。

很多時候我們會忘記將錢花在哪，所以更應該好好地利用記帳 APP 記下支出，現在市面上有非常多好用的軟體，只要選擇自己喜歡的即可。最重要的是要持續至少三個月左右，因為我們的消費水平不會突然大起大落，只要有穩定的收入來源，大致上的花費就會維持一定的區間。

當我們了解自己的固定開銷和負債時，譬如每月的房租、水電費、電話費等生活開銷，就能抓出生活費還有多少，能夠將多少錢存入戶頭裡，這些都需要幾個月的記錄，才能慢慢釐清。

前三個月我的記帳流程：

①記錄每天花費
②月結算，了解各類別花費比例
③對比三個月的記帳，設立每項類別的大概預算以及能存多少錢
④領到薪資後先扣除儲蓄金額，再以預算分配每項支出
⑤嘗試幾個月設立預算，並微調類別金額

如果你跟我一樣沒有耐心，可以跟我一樣採取記帳三個月的方式，了解主要花費在哪一類別，拿捏自己的生活開銷，找出可以存下的金額。理財初期有很多時候會超出預算、或是花掉好不容易存下的錢，這都非常正常，只需要

慢慢微調即可，因為習慣沒有辦法輕易改變，只需要在理財過程中重新調整心態，了解自己理財的目的並持續前進，自然會找到適合自己的理財方式。

記帳三個月後，如果已經了解自身財務狀況，也清楚如何分配預算的話，基本上就可以省下每天記錄的時間，不用再記帳了。

從習慣中節省

習慣的力量很強大，也因此市面上許多書籍都教人如何養成好習慣，但也正因為習慣了一件事之後，要戒除就變得很難，所以更要留意這個習慣是否會讓你的金錢流失。習慣之下的花錢行為是在不知不覺中進行的，我們可能完全不會有什麼花錢痛感，因為太習以為常了。

以前我從物質上獲得滿足，斷捨離實施後，回歸到自我身心成長，日常娛樂也可以只花很低的成本，譬如圖書館借書、想要學習就上網找免費資源、看免費的展覽，這些讓我培養了一個很重要的觀念：並非要花大錢才能獲得我想得到的東西，我可以藉由這些租借的行為、免費參觀來學習，同時也是在訓練自己用錢的方式。

以往我的消費習慣，總認為一定要將東西買到手擁有它，現在會認為租借行為可以讓它流動到下一個人的手上，也算是種節約能源的循環，這麼想也讓我的心境比較寬鬆，對於物質不那麼執著。

而我也透過記帳發現，每日在咖啡、飲料上的開銷是驚人的高，這些飲品雖然一杯都在100元內，但在吃飯時習慣搭配飲料，整個月累積下來的花費，就占據生活開銷很大比例。

為了健康和存錢，我開始嘗試戒掉手搖飲料，自己買咖啡回來沖泡，當我開始這樣做後發現，一杯咖啡的成本其實換算下來很低，而在外面咖啡店或便利商店買一杯咖啡的價格包含了材料、店租、人力、運輸成本……價格一定會比自己沖泡來得高。我們通常購買的都是那些隱藏在背後的成本，也因為方便取得這項服務，所以我們會因為省時間、省力氣而不知不覺選擇對這件事妥協，很少人願意出門上班前先沖泡好咖啡，錢就這樣在花錢買便利中流失了。

如果沒有記帳，我們不會意識到習慣的花費，累積起來的金額很龐大，而這些錢如果透過長期投資，累積到未來的複利效應也很可觀。

反思筆記

○檢視自己有哪些習慣，會在不知不覺中花錢。

○思考是否能換個方式，達到相同目的而少花錢。

先達成小目標即可

很多人都會給自己設定一個太過理想的目標，導致難度過高，就容易在過程中半途而廢。因此考量到人類的惰性和耐性，一開始的目標得先從簡單的開始。理財需要一個明確數字目標，如果目標為100萬會讓你感到焦慮，或是因為這個大目標影響到生活品質的話，就將100萬切分成幾等分，以短中長期來實現目標，建議先以半年的緊急備用金為首要存款目標。

以我來說，先設定15萬元的緊急備用金為短期的存款目標，這是避免我臨時沒了工作，或是需要用錢時的資金，達成的機會感覺很大，存錢過程會逐漸累積成就感，我也慢慢地會認為存錢這件事其實並不困難。而很多像我一樣的小資上班族放棄儲蓄的原因，都是因為覺得自己賺太少，所以沒辦法存錢。不過選擇放棄是非常可惜的，我們只要在這世界上生存，就與錢脫離不了關係，基本上沒有放棄理財的理由。

將大目標切分為小目標的好處：

①較願意嘗試
②過程壓力較小
③達成率較高
④容易產生信心

中長期的儲蓄目標則為50萬、100萬，假設一個月能存下的錢不多也沒關係，先讓自己養成儲蓄的習慣，並試想如果想要加速存款累積，是否能從生活中節省開銷提升儲蓄率，或是多兼職開源賺錢？有了明確的數字目標後，也可以為自己安排一個期限，例如三年、五年內達成，並定期檢視達成率，過程中修正自己的消費模式，相信你對於理財一定也會有屬於自己的心得。

邊還債，邊擠出錢來存

老實說，現在的薪資要維生都有困難了，怎麼還有辦法邊還債邊存下錢？

如果收入來源只有一個時，真的得想盡辦法擠出錢來。儲蓄金額不需要太多，只需要讓自己一直保持儲蓄行為，如果失去了這個習慣，很容易就會對未來感到失望，尤其是工作了一整個月後，發現薪水全部都拿去還貸款和繳生活費，沒有任何錢留下來的時候，會開始懷疑工作的意義。因此留點錢下來能幫助自己找到工作的目的，就算是為了存錢也好。

我的債務分別為學貸、家人借款、朋友借款三項，因為後兩者沒有利息產生，所以我會跟對方溝通每個月能還款的金額，而這個還款金額是我記帳後計算出來的，讓我在每個月扣除債務、生活開銷後還有辦法存下一些錢，雖然我不喜歡負債的感覺，不過其實這是必須早點適應的事，未來有很多機會，可能會需要背負債務。

在我協調完每月還款金額後，真正要開始訓練的則是如何妥善利用剩餘的錢，除了要生活下去之外還得存錢。為何我要這麼堅持存錢這件事，難道把債好好還完，先把生活過好不行嗎？

不過，要把生活過好的前提是要有錢，生活總有突發狀況需要用錢解決，這些錢從何而來？

如果還債過程沒有臨時開銷是最美好的，但如果不幸發生這樣的事，是否又只能低聲下氣跟別人借錢來應急？這樣不僅會產生負向循環，原本的錢已經還不完了，債務還會不斷累積上去。向人借錢會讓人對你產生不好的觀感，而且借出去的錢可能就像肉包子打狗一樣一去不復返，借不到錢也是有可能的，這時內心可能會更加受挫，懷疑自己的人生怎麼會走到這步田地。如果不想要陷入這樣的處境，就應該好好管理負債與財務。

理債的過程要擠出錢來存，生活一定會有所犧牲，不過既然選擇朝著理想生活前進，這是必經之路。

一樣可將債務整理出來，從小負債到大負債，身上有哪些小金額可以先還，就將它還掉，少一筆負債是一筆，還債的過程也會因為少了一筆而感到有成就感；如果本身有借利率高的債務，則將還款順序放在優先還款位置，利率低的慢慢還即可。我們無法一夜致富將債務還清，理債也是在訓練自己用錢的方式，還債過程中盡量不要再產生新的債務，例如信用卡分期付款，它只會讓你的債永遠還不完。

邊還債邊存錢，是我理財之路做得最滿意的事，我很慶幸一開始就這樣做。我知道自己不喜歡還完債之後存款也是空空的狀態，這會讓我感覺過去不曾工作賺錢般，儘管只有一點點存款，也能證明我為存錢這件事努力過了！

反思筆記

○盤點債務，從小金額負債還起，慢慢減少身上債務。

最簡單的存錢方法

我的夢想是財務自由，讓我的被動收入大於主動收入，我可以更自由的安排行程，在喜歡的地點做喜歡的事，少了金錢的壓力，內心會更輕鬆面對每件事。要如何存下錢，每個人依照自身個性和習慣都有各自的選擇，無論採用哪種方法，只要能持續存得了錢就是好方法。

我嘗試了許多市面上推薦的小資存錢法，最後讓我真正存下錢的是最不用動腦，大家也都能夠輕易設定的銀行自動轉帳，領到薪資後立刻扣除掉要存的錢，把錢轉進專用的儲蓄戶頭裡，並且忘記它的存在。

如果要忘記很難，就假設月薪33K扣除儲蓄5千元，把剩餘的28K視為整個月的薪水，月薪只有28K能夠使用。一開始認定只有這些薪水，對當時低薪的我來說，以這樣的心態存錢，可以提醒自己薪資過低要再更積極努力，也比較不會有薪水被剝奪的感受。

從記帳中得知自己的開銷去向，可能會有負債、固定開銷要支付，一開始拿捏要存多少錢一定會有過渡期，過渡期指的是還無法得知自己該存多少，因為還沒有儲蓄的習慣，也還不清楚如何取得平衡點，如果太激進的節制花費，人也容易疲乏，快速改變以往的消費模式會無法適應，譬如明明很喜歡吃美食，卻過度限制餐費或不吃東西來省錢，這樣的效果其實無法維持太久。

存錢是在考驗人的意志力，如果無法抑制心中的花錢欲望，即使再簡單的存錢方法也是存不了錢，問問自己有多想變有錢，這個決心是否足夠支持你繼續存錢。

應該很多人都聽過年收高的人比年收低的人存款還少的故事吧，薪資高低與存款多少不能畫上等號。很多人在升遷加薪、拿到年終獎金後，也想跟著提高生活水準，換新車、名牌包，或是新手機一上市就跟著更換，以配上職位高度和犒賞辛苦工作的自己，即使收入增加，卻因不懂得規畫薪水而將錢花完。

在日本工作時，主管跟我聊到他也是30歲後才意識到存錢的重要性，他要結婚組家庭，不能再像之前單身時一樣隨意地花錢。他的存錢方式是把每年領到的獎金存起來，視為額外得到的收入，每月薪資則拿去支付生活開銷，一年如果獎金穩定的話，其實可以無痛存下錢，因為沒有獎金還是能夠生活下去。換個角度思考獎金的去處，替未來準備預備金，不也是個很好的選擇嗎？

除了每月薪資的穩定收入來源之外，升職加薪、業績獎金、年終獎金等額外收入，也是加速存款累積的來源之一。如果不想要將獎金全都存下來，也可以將獎金分為幾等份，視需求分配，例如三分之二拿來儲蓄，剩下三分之一則用來學習精進自己，或是犒賞自己的激勵獎金，給予自己一些獎勵機制，也是存錢的動力！

獎金存錢法很推薦給小資族群，如果本身月薪偏低，每個月能存的錢較少的話，存下公司獎金對於儲蓄進度也會比較有感，不會覺得存款一直停滯不前，反而能帶給自己一些信心。

反思筆記

○ 薪資－儲蓄＝可使用的錢
○ 設定銀行自動轉帳，被動地幫你分配好薪資。

“

存錢讓心態跟著改變

心變得更自由，找回人生選擇權。

”

存錢初期如何戒掉花錢癮？

擁有第一張信用卡後，我愛上了分期付款功能。

其實一開始很畏懼信用卡，以前新聞時常出現卡奴這個名詞，多數都帶著負面印象。直到辦了信用卡後，發現我可以透過這張卡，買進我現階段負擔不起的東西，向未來的自己預借現金好像也沒什麼，反正我如期還款就好了，我能先拿到想要的東西，又能夠每月只支付一些錢，對小資族的我來說太便利了。最重要的是我不必先忍受儲蓄那段難熬的過程，不知不覺就對信用卡上癮，開始亂買東西。

要戒掉花錢的癮是件困難的事，它已經成為習慣，過程一定會有一段陣痛期。月光族時期我一天不花錢，心裡就有種怪怪的感覺，當時要戒掉也覺得很難受，一時無法改變。於是我透過記帳和斷捨離，慢慢地找出錢該花在哪不該花在哪，信用卡債是我第一個要解決的問題，當我購買東西時，我不再想信用卡能回饋多少點數，也不去想累積信用是多重要的事，眼前的目標只有一個，就是好好地存下錢，因此必須想盡辦法不再製造新的債務，先將卡債還完。

還卡債過程中，有五個方法降低物欲：

①發薪日前購物

許多人都是一領到薪水就立刻將錢拿去買想要的東西，試著將購物日期挪到領薪日前一天，如果還有剩餘錢就當作犒賞自己，如果沒有錢了就代表自己還沒有能力購買。

②刪掉購物APP

這是最直覺的作法，購物平台時常會寄優惠通知訊息，不小心點開後可能就會落入他們的促銷陷阱，原本想說逛逛就好，最後還是下單了，因此直接刪除APP，會對抑制購物有幫助。

③退掉引起欲望的帳號

現在網紅團購經濟普遍，追隨的人如果發了一個不錯的商品，可能就會想要跟團加一。退掉會引起購物欲的帳號，多追蹤理財、投資、節約主題的帳號。

④告訴自己「你很窮」

這句話在我存錢過程中扮演了重要角色，雖然最好不要常把窮這個字掛在嘴邊，但當自己開始亂花錢時，就可以提醒自己，還沒有存到目標金額前都很窮，所以不能隨意花錢。

⑤離開那個商品一段時間

只要被誰誰誰介紹燒到的商品，就會立馬想要將它買下，但在購買前要先離開那個商品一段時間，滑掉頁面或離開那間商店也好，先讓自己的理智恢復，通常衝動冷卻下來後也就沒事了。

反思筆記

○不急著立刻改變愛花錢的自己，藉由每次消費行為，思考物品對於生活的重要性。

存錢心態轉變

為了生活費而工作這件事我是清楚的，但總覺得少了一些什麼，心裡一直不是很踏實，好像只是為了生存下去而每天去公司上班，沒有一個明確的方向，有時在職場遇到困境時，還會思考到底為什麼要工作，難道每天都只能用這樣的心態去上班，然後直到退休嗎？

長期處於這樣的狀態，讓我感到工作是不快樂的。

我時常佩服那些在公司一待就是好幾年的人，而我則是在同一個職場待久就會感到坐立難安，往往都待不到兩年就跳到下個工作，且還有幾次是裸辭，甚至連存款也沒有。但當時抱持著樂觀的態度，覺得總會找到工作，通常都是先找了一份勉強可以過生活的、也不是那麼喜歡的工作，就這樣不斷在這種惡性循環中度過，一方面摸索該從事什麼職業，一方面也在邊找尋有沒有一份工作，能讓我面對週一不焦慮，也就是真正讓我感興趣的工作。

我跟多數沒有理財觀念的人一樣，都是在快到月底時，才計算還剩下多少錢可以存，但這樣的存錢思維不僅無法存下錢，還讓自己的生活產生更多無奈，無奈自己賺的錢扣除掉生活開銷竟然只剩下一點，逐漸地會產生負面思考，尤其又看到身旁朋友在社群發照片，旅遊、買車、買房，過著看似完美的生活，理財這件事就被我擺一旁，先把握當下玩樂再說吧！生活中的壓力太多，有小確幸當然要好好享受，找不到一個動機開始理財，也覺得理財應該很難，光想到這些就產生抗拒心理。

後來我從存錢獲得的成就感，不僅只是看著戶頭每個月增加，而是我一直以為自己做不到存錢這件事，畢竟以前真的太喜歡花錢了，又認為這份33K

薪水在台北真的偏少，懷疑自己真的做得到嗎。隨著每月的記下收支，逐漸地肯定自己做了對的選擇，心態也轉變成很感謝現在的這份工作，儘管薪水不高，但它卻可以支撐我的生活開銷，讓我不至於沒收入而感到慌張，也讓我度過了疫情下不安的那些時光。

現在只要領到薪水就會去看一下戶頭裡的存款，莫名地覺得好安心，從前對於工作的茫然、或是那些消極負面的情緒，都因我認真地實行儲蓄計畫，而轉向正面積極的人生態度，現在工作我會想成是為了達到存錢目標，似乎又更接近理想生活了。這個心態轉變前後差異很大，我才發現生活的安全感，很多時候都建立於存款準備是否充足，有足夠的金錢當後盾，我們的心會變得自由，也才能夠選擇自己想要的生活模式。

存錢是一個長期的心智訓練，很多人在一開始就舉白旗投降，不過在投降之前還是要想想未來可能面臨的狀況，譬如中年失業問題、產業結構變化裁員、失去賺錢能力……你可能會覺得這些問題不太可能發生在自己身上，不過得先將最壞狀況放在心上，但也不用過度恐慌，只要依照自己能力進行存錢計畫，有一天也能達到心中的存款目標。

反思筆記

○試著找出存錢的動機，明確地規畫出目標，會讓工作更有動力。

小資更要建立預算

我們都清楚理財的重要性，那麼要如何將存錢這件事穩定下來呢？除了要訓練自己分辨物品的需要與想要之外，還有透過記帳，才能知道每個月都將錢花往哪去，進而得知下個月的預算有多少。

建立預算有什麼好處呢？可以控管好自己的開銷，假設治裝費預算為每個月2千元，就只能買2千元以內的服飾，超過預算則必須下個月再購買，如此一來就能邊享受生活又能存下錢，不至於因為限縮生活費用而感到拮据。也因為有設定類別預算，幾個月練習下來，可以清楚地知道哪個類別可以增減經費，因為不是每個月都會花到那筆預算，可以很彈性的運用金錢，畢竟還是要兼顧好生活品質，存錢過程不讓自己感到難熬，才有辦法長久堅持下去。

每個月領薪後，銀行自動轉帳進儲蓄戶頭，而儲蓄戶頭還能繼續做子分類，譬如玩樂津貼、學習津貼、緊急備用金等，每個人需求都不同，所以依照自己喜好分類，不限制要分成幾個類別，越簡單明瞭即可。這樣清楚畫分，可以知道哪個類別有多少預算可以用，一般來說有多少錢做多少事，各個分類不會混淆，也能更清楚自己的金錢流向。

每個人或多或少都有設置過預算，例如設定每個月的餐飲費維持在8千元內，這其實就是一個預算的控管。但除了餐飲費之外，其他類別也應該要設立預算，並非無上限的消費，但往往我們會因臨時開銷或失控購物，而不知不覺將錢花完。

小資族因為領到的薪資相對較少，所以利用每一筆錢都應該更仔細，我會將薪水分為儲蓄、固定開銷和生活費三種，固定開銷指的是每個月都一定會花到的費用，例如房貸、水電瓦斯、電話費等，扣到最後剩餘的錢則是生活費，為了避免娛樂費用超支，每個月都會規定自己的娛樂費用只能花多少，這對於管理金錢很有幫助。

反思筆記

○小資族收入有限，要更清楚金錢流向和支出比例。

建立預算的重要性

為了不讓錢有白白浪費的可能，每一筆支出都應該花在刀口上，當收入有限時這樣的思維將會協助自己理財，另外有份穩定的工作是存錢的基礎，穩定的收入才有辦法好好建立預算。

沒有建立預算可能會遇到什麼事？通常是一開始就沒有記帳，不清楚錢花在哪，所以無從建立預算，這會讓自己財務狀況變得很亂，可能挖東牆補西牆，永遠補不完資金的漏洞。

最常見的情況是當朋友邀約聚餐時，因為不知道自己每個月有多少錢可以出去聚餐，只要有邀約就參加，一場飯局就花掉幾百塊、幾千塊，時常還不到月底就已經沒錢了。如果臨時要買生活用品或是購物平台活動商品打折，還會因為沒有錢選擇先刷信用卡，一不小心就陷入金錢的困境中而不自知，難道是自己賺的錢不夠花嗎？其實很大原因是出自於沒有規畫金錢。

讓生活平衡，也是建立預算很重要的目的，許多人會因為害怕未來發生意外，因此投保太多保險，導致賺的錢幾乎都用來繳保費。實在不必讓保險費用造成生活壓力，透過記帳了解保險占比並妥善重新分配，繳完保費應該還要有餘裕存下錢，將閒錢拿去投資才是比較實際的方式。

因此建立預算的範圍很廣，包含衡量每年的保費，以及預估有多少閒錢可以投入股市，這些都與日常息息相關。想要存下錢的話，試著為下個月的開支列出預算吧！

建議列預算前，可以再將想買的物品分為「需要清單」和「想要清單」，在金錢安排上，需要清單的優先順序會大於想要清單上的物品，這樣的好處是能先解決生活真正的需求，而不會因為失控購買了想要的物品，而沒錢過生活。

反思筆記

○ 將錢花在刀口上，建立預算讓生活收支得以平衡。

30歲存到10萬元的成就感

年紀漸長時常讓人產生恐懼，害怕自己如果沒有走在正確的軌道上，就會與他人不同、被當作異類。但一直以來我內心都有著叛逆因子，從20幾歲一直摸索到30歲的我，沒有設定大目標也不懂理財，只是不斷地嘗試各種工作，在生活中找有興趣的事物。不知不覺就到了30歲，我存了10萬元，很有成就感，因為這是我人生中第一次存到六位數存款！

我們被教導30歲要存到一桶金100萬，其實我不知道這是哪來的不成文規定，而我們也似乎被洗腦般，從大學、出社會開始就不斷接收到這樣的觀念，或許是將生活理想化，認為每個人都有辦法開始工作後就存錢，並持續存到30歲，以單純月存1萬元至戶頭來算，存個八年、九年的確有機會存到100萬，但能存1萬的人並不多，多數人都還要負擔租房等費用，八年時間也非常長久，真正能存到100萬的又有多少人呢？

好險我沒有被這些世俗想法影響，即使30歲只存下10萬元，但對於過往的每個選擇我都沒有後悔過，我知道當下一定仔細思考過了，也一定過得很快樂，這樣就足夠了。

30歲時戶頭裡有10萬元，雖然仍有負債要還，但對我而言是個大突破，我竟然從月光族晉升為有存款一族了！

存錢過程中，內心經歷的拔河沒有人看見，因為得捨棄從小養成的花錢習慣，那些都是根深柢固存在的，要重置金錢觀是件不容易的事，要戒掉愛花錢的癮很難。不過很幸運的，我在29歲醒悟了，10萬元並不是一個大數字，我也曾經懷疑過自己的儲蓄能力，從存款0元開始一點一滴存下，到達10萬時內心充滿激動，因為我終於知道原來小錢也能累積成一筆可觀的數目，開始相信自己的堅持是對的，至少證明給自己看了！

反思筆記

- 小額儲蓄也能創造成就感，不要輕易放棄。
- 幾歲有多少資產不是重點，而是自己是否有成長。

Part 3

買不買房，都應該先想想這些事

1991 07 30 - 2021 05 30

原先的五年買房計畫

從小到大，我家一直都是租房子住，小時候我對於房子並沒有太多感覺，而是長大後似乎越來越覺得少了一種歸屬感，這種感覺會隨著年紀增長而變得強烈。開始理財後，我就將買房列為長遠的目標，雖然當時薪水只有33K，但對於房子的渴望仍舊很強烈，我開始思考或許可以存下一半薪水，幾年後再與家人討論合資買房的事，畢竟要單靠這微薄的月薪買下雙北市或桃園的房子很難，與家人分攤頭期款就能少掉許多負擔。

為什麼當時要設定五年時間？我的想法是五年後媽媽也快到退休年齡了，擁有一個屬於自己的家，也能好好享受退休生活，畢竟向別人承租房子，總有一天還是得搬走，就得再面臨一次找房子的辛苦。而且隨著年齡增長，找房子將會遇到更多困難，考量的事情也會變多，我不想要家人老了還得四處搬家，每次搬家都得重新適應新環境，找房子的過程也很煎熬，要減少這樣的事情發生，就得想盡辦法多存點錢。以下是我對於長期租房的觀點：

①**房租只是在替房東繳房貸，房子最終還不是自己的**。

房客繳了再多年的房租，房子的所有權依然是房東的，也因此許多人會以這種方式投資房地產，付了頭期款後讓別人付房貸，自己當包租公、包租婆。

②**心裡存在不安全感和沒有歸屬感，怕房東會將房子收回去**。

多數房東買房除了投資之外，還有可能將它留給孩子，不管是哪一種，過了幾年都有機會被收回去，增添了住房的不安定感。

③**租房的市場競爭也很激烈，找到各方面都適合的並不容易**。

每個人的需求不同，要符合每個家庭成員的喜好找房是不可能的，加上房東本身也有自己的規定和限制。

④有再次搬家的風險存在，還得考量家人的工作通勤、小孩上學問題。

搬家通常會考量上班通勤距離，小孩可能也還有戶籍地、轉學的困擾，這些都是隱憂，是有必要煩惱的事。

⑤遇到好房東是幸運，不是每個房東都能通情達理。

租客一定有經濟層面或是其他考量，所以才選擇以承租的方式過生活，不是每個房東都能理解，甚至可能每隔一段時間就說要漲房租。

⑥年紀越大，租房的難度就越高，每次看房都像是一次工作面試。

現實社會對於老人租房存在許多擔憂，付不出錢的可能、年老健康問題，諸多因素都會讓房東選擇租給年輕族群。

⑦租金與房貸間的金額差異其實沒有很大。

人家常說租不如買，觀察許多地區的房租費用，其實真的與每個月房貸要支付的金額差不了多少。

每個人對於房子的想像和需求一定不同，對我而言有家的歸屬感很重要，這也就成為心中一個賺錢和存錢的動力，預計五年的買房計畫看似路途遙遠，但讓自己工作起來更有目標也是好事。

反思筆記

○買房頭期款通常都要準備多年，必須耐住性子專注於這個目標。

○租房或買房都有人支持，你傾向哪一方呢？

買房之前，先問自己想要的是什麼？

買房真的有必要嗎？是否可以利用那些錢來做一些更有意義的事呢？

我也曾經覺得到處數位游牧、旅居的生活很棒，且不必將錢投入房產，因為沒有一個固定的居住環境，就沒必要買房養蚊子，而是將錢運用於股市，或是能產生被動收入的投資工具，不用想著維護房子和繳稅，也不需要煩惱房子之後要留給誰的問題，生活無拘無束，四海為家的感覺好像也不錯，但人總是會想到老後問題，不可能一輩子都在外漂流。

房產議題在台灣一直處於爭論不休的狀態，每次聊到這類話題時，總有人喊著「太貴了啦！完全買不起」「薪資沒漲，房價一直漲」；也有人對於買房這件事嗤之以鼻，認為只有傻子才會買房限制自己的生活，薪水已經夠少還得支付房貸，根本沒有閒錢規畫退休金，連生活娛樂費用都得限縮。確實，上班族能存的錢有限，除非有家人幫忙支付頭期款，不然如果有買房打算，花的錢可能是自己工作多年的積蓄，甚至是全部梭哈的狀態，要規畫退休金就得從零開始。

假設手上有錢能購買房子，應該要趁現在先買嗎？我整理了三個常見的回答。

①房子的漲幅速度快，現在不買房以後就買不起了。
②先讓資產累積更多一些再買，買房後才有多餘的錢可使用。
③住家裡不買房，將錢運用在退休金上。

上述三個回答都有人支持，以我來說會選擇第二個，因為經歷過沒錢的窘境，其實會害怕手上沒錢的不安全感。讓資產累積多一點再買的好處，選擇也會比較多一些，雖然沒人能夠精準地判斷未來房價走勢，但以現在30多歲的年紀來評估，將自己的資金全投入房產中，風險有點過大。

價值觀差異、買不買房都沒有對錯之分，有些人沒有經歷過被房東收回房子的那種無助感，或是家庭教育對於資產理解的不同，例如曾經收到一則粉絲留言：「我老了要住養老院，所以不打算買房子。」買不買房其實都是選擇問題，了解自己真正在意的是什麼就足夠了。

房東收回房子很合理

房東為何會將房子出租，想必是看到了其中的獲利，日後收回來賣掉賺價差或留給子女，這都是很常見的模式，一來房客的租金付掉了房貸，如果房屋位於精華地帶，還能夠提高價格出租；二來房屋在許多人眼裡是有保值性的，不像股票波動這麼大，因此台灣的買房投資風氣從以前到現在都不曾衰退。

之前我們住了二十年的房子，房東打算收回給子女使用，雖然早已有心理準備，但還是打亂了我原先的五年買房計畫。房東二十年來一直都是以超低租金價格租給我們，幾乎也沒有調整過租金，要在外面找到相同的格局、地段和租金，基本上都是乘以兩到三倍房租，因此原本預期能存下一半薪資的錢做頭期款用的計畫，一瞬間就化成泡影，終究還是得面對現實的考驗。

找租房的過程中，我才發現家人在意的點是如此不同，譬如只要有得睡、環境是乾淨的、租金我們家負擔得起，我就能夠接受；而家人的想法則考慮得更周全，像是舊公寓裡桶裝瓦斯方便性問題、位於幾層樓膝蓋是否可以負荷、鄰居的素質好不好……雖然有諸多考量是好事，但後來我們才知道，原來租房市場這麼夯，一天到晚都有人在找房子住，早上刊登在租屋網上的物件，下午可能就已出租了。

找租房的過程中，與一位房仲接洽，請她幫我們介紹房子的過程中聊到，我好奇地問為何現在房子出租速度這麼快，她給了我一個很殘酷卻又真實的回答：「因為現在人很多買不起房，所以多數都以租的方式。」她說出非常多年輕人的心聲，辛苦工作多年，可能之後連一個可以安心度過老年生活的住處也沒有。

永遠不知道房東哪時候要將房子做其他利用，我們就很難安穩地規畫下一步該怎麼走，畢竟搬家是一個大工程，所需要付出的時間和金錢都不容小覷，與家人間的溝通也很消耗精神，如果有個家能夠讓自己靜下心，專注於該做的事情上，相信做什麼事都會很順利。

不管現在的你是租房也好，或是考慮買房也好，生活的緊急預備金要準備充足，有天面臨到得搬離住所時，才能夠替自己建立起一層防護網，錢絕對是個能夠保護自己的救命符。

反思筆記

○承租的房子有天被房東收回去的話，是否有充足的資金可用來搬家、付房屋押金、購買民生用品。

找租房體會人情冷暖

一次看房經驗令我感覺人情冷暖，那是一間位於二樓的公寓，位於交通方便的地段，租金2萬元算是很便宜，整體看來沒什麼太大問題。我們跟房東太太也聊得甚是愉快，聊到一半時房東太太的手機響起，後來來了另一組看房的租客，我們沒有想太多，想說再看看房屋細節好了，就讓房東太太和他們聊聊。那組房客說他兒子做工程師職涯發展不錯，並一一介紹自己的職業是什麼，他們表示想要租長期的房子，房東太太似乎被說服了，聊著聊著就收下了他們的訂金2千元。

聽到訂金2千元時，我們都愣住了，就走到他們面前說：「可是我們也想租這間房子耶！怎麼不是先到的人有選擇權？」房東太太支吾其詞地用台語說著：「唉呀真的很不好意思啦，一個女兒怎麼有辦法嫁給兩個老公呢？」雖然要租給誰是房東的權利，只不過當下還沒看清這社會的遊戲規則，只覺得當下我們好傻好天真，後來家人們也不想爭論了，場面太過難看，再吵下去對誰都沒有好處。

不是每個房東都會留情面給你，因為選擇權從來就不在房客手上，對於當時30歲的我來說衝擊很大，一個人年輕時還很好找房子住，但等到家人老了需要房子住的時候，到時又有誰願意出租給我們呢？找租房的經歷讓我體悟到，一件原本應該是滿足人最低需求的居住事情，在現在的社會看來都變得困難重重。在現今的經濟下，許多年輕人想買房卻難以達成，租房又必須考量諸多事情，預期到未來的模樣後會逐漸失去信心，演變成躺平族的出現，或甚至將錢花完及時行樂，有一間房子住，變成了奢求。

有錢人擁有的資產會隨著時間而增值，而沒錢的人則隨著時間被物價、體力、金錢壓力壓垮，兩者的資產差異只會越拉越大。我們能做的事不是去仇富，也不是抱怨自身家庭的不足，而是運用自身的天賦，結合當下的社會趨勢，去想盡辦法擺脫沒錢的生活。社會很現實，我不想再讓自己和家人面臨這樣「爭房子」的窘境，唯一的辦法就是充實自己的投資理財知識，這才是一條能讓你翻身的路。

家裡沒房子，不埋怨父母

有天在網路論壇看到這篇主題「家裡沒房子會埋怨父母嗎？」我開始反思家裡的經濟狀況，以及我們家是怎麼一路一起走過來的，雖然生活不容易，成長過程中我們也吃飽喝足，一直以來都有個遮風避雨的地方，這些都是媽媽努力給予我們的，一個人要拉拔幾個孩子長大非常困難，怎麼可能還有辦法買房子？這麼一想後，根本無法產生埋怨的情緒，反而更珍惜現在擁有的一切。

或許有些人會說父母那個年代房價很低，如果當時買下來的話，現在也早已還完了。的確台灣房價一直在飆漲，現在看十年前的房子，可能都價差好幾倍了，何況是數十年前的房子。但難道要因為家裡沒有房子而抱怨嗎？我覺得是不必要的，因為不是每個人都懂得為自己買進資產，時空背景會影響一個人的決策，像是以前的人可能也很難想像現在多數人會不結婚、不生小孩。現在30幾歲的我們會覺得一個人很好，想要做什麼就做什麼，不用被婚姻關係束縛，以自己經濟狀況來說，顧好自己都有困難了，更不用談需要花費大筆資金的事。

既然每個時代都有他們的問題存在，當時沒有買房一定有各自的理由，時間都已過去，追究也沒有太大意義。

我姊跟我說：「你不覺得雖然我們家沒有什麼錢，但至少沒有要我們還債什麼的。」聽了覺得很感動，雖然每個月有房租和固定開銷要繳，但沒有家庭負債是非常值得感激的事。每個人能夠為這個家付出一點，將彼此的力量集結在一塊，家庭的凝聚力也會逐漸提升，就算從小到大都沒有自己的房子，還是這樣走過來了，未來要買房再想辦法就好。

換個角度思考，現在我們的賺錢機會比父母那個年代還更多元，雖然以前可以用較低價格買房，但他們的收入來源也較單一，可能一生就做一份工作，辛苦養家負擔房貸；而現在我們可以藉由網路打造自己的事業和多元收入。每個時代都有其困難的點和可藉機發揮的地方，如果我們能早點認知這件事，就不會將自己困在自我否定和負面情緒裡。

反思筆記

○我們現在的衣食無缺和健全身體，都是父母努力後的結果。

為何要買房？

在IG發問最想要買什麼東西時，有幾乎超過一半的人說想要買房，台灣年輕人對於房產還是抱持著很大的憧憬，雖然房價高得嚇人，但仍令人心生嚮往，尤其到了30歲的年紀，是個被社會期待的大人了，可以獨當一面成家立業，抑或是應該有了穩定的工作和一定的工作職位，各種聲音和壓力會突然加諸在身上，好像30歲的人就一定得達到以上這些要求，但我們真的了解自己是為什麼想要買房嗎？我整理了幾個買房的原因以及個人觀點：

①有土斯有財

以前人的觀念流傳至今，似乎還是非常有用的一句話，有些人從小被教育的觀念，覺得長大一定得買房子才行。

②租房的不安定感

我們家從小到大都是向別人租房子，每次搬家都需要再適應環境，而長期租房對於未來會感到不安，心想有天還是得搬走。

③股票投資風險大

長輩很常告誡我們不要碰股票，可能是因為他們聽過太多從股市輸錢輸到負債的故事了，所以不買股票，轉而將錢拿來買房地產。

④買房養老

現代人大多數不想生小孩，身旁朋友有小孩的人還真的算少數，既然沒有生兒育女的打算，不如買房子將錢留下來，如果老了手頭沒錢，還能利用這個房產照顧自己。

⑤老年租屋問題

從租房轉而買房的人有很大原因都是聽到了這句話：「以後你老了，可能沒人要租你房子。」這句話影響很大，但的確社會很現實，老年租房將會變得更加困難。

⑥獨立空間

許多人從家裡搬出去住之後，感受到一個人的自在和獨處的好處，或是需要安靜的環境工作，擁有獨立空間就顯得重要。

⑦社會地位實現

工作到一定職位或是年薪到達多少後，買房買車感覺是人生中的標準配備，同時也是實現自己經濟能力、社會地位的方式。

⑧被期盼

有些父母幫忙支付頭期款，是希望孩子有一個屬於自己的家，但並不是兒女主動想要買房的，因為不是每個人都願意承擔房貸。

⑨結婚

兩個人結婚，有間自己的房子感覺才算圓滿，且現代人不喜歡跟公婆住，如果能搬出去住就搬出去住。

我們家買房的理由是第②點及第⑤點，這兩點的需求強烈。觀察身旁朋友買房的原因也都是內心有一個強大的渴求，畢竟這筆開銷有可能是人生中最大筆的一項支出，它必須能夠滿足內在的期盼，而當自己開始有了這股強大的買房念頭時，就會想方設法去實現，當自己努力付出時，他人也會協助自己。

反思筆記

○檢視自己想要買房的理由是什麼？

○為了那個買房理由，可以付出什麼努力去達成。

擠出頭期款買房

找租房過程中，接到姊姊來電說：「我們看到一間還不錯的房子，考慮要把它買下來！」當下聽到第一個反應是我哪來的錢？當時存款只有10幾萬，根本不足以支付頭期款，經過一番討論，姊姊願意先借我頭期款不足的部分，看過房子後我們決定當晚就付訂金。雖然看似有點衝動，但我相信姊姊的眼光，因為她和姊夫之前也看了上百間的房子。

就這樣我們合資買下了我們的家，總算結束長久以來租房的生活，我很感謝那天早先一步付了訂金的那組租客，如果沒有他們，我們或許還無法下定決心一起合資買房。

我與家人合資買房的主要原因，第一是一個人負擔金錢壓力過大，第二是希望媽媽能夠安穩過生活，畢竟過去在外面奔波久了，內心的不安感不曾消失過。對我們家而言最困難的是頭期款，買下這間房子時，我姊跟我說：「買房這件事，就是頭過身就過了啦！看到喜歡的房子很靠緣分，頭期款怎麼樣都要把它擠出來！」

不管因為什麼理由想要買房，一般人可能得花數年以上才有辦法存到頭期款，存錢的過程也能慢慢了解自己真正的需求，不用跟隨大家的腳步，好像身旁朋友都買房自己也一定要買，反而造成無謂的壓力。一切都得視自身能力而定，畢竟日後還得每月還款20年以上，不如將資金準備充足一點，財務狀況穩定後再考慮購屋也不遲。

記得當時在IG分享合資買房的文章時，多數人都對於33K小資族也能買房感到驚訝，但我想表達的是，同一個家庭裡的小孩，對於理財的態度也可能截然不同，像我的姊姊們從出社會工作開始除了分擔家計外，還陸續存了錢，所以在看到滿意房子的關鍵時刻才有辦法拿出錢，雖說是擠出頭期款，但這都是多年的累積才有辦法做到，所以我很感謝家人願意拿出錢來一起圓夢。

買房對我來說，也是人生的衝擊，原來人辛苦賺錢、存錢都是為了這一刻，當我看見家人在新家時的笑容，工作賺錢對我而言就產生了另一層意義，它不僅是滿足自己的利益和欲望，更重要的是能夠讓身旁的人過得輕鬆、沒有壓力。

家人團結力量大

一起買房是個人生轉捩點，家人的財務狀況也攤開在陽光下，因為頭期款真的是硬擠出來的，誰戶頭有錢就先拿出來應急。也因為這次合作，家人在溝通金錢方面，不會像以前一樣，一提到錢心裡就張起防衛網。

許多人嚮往著買房，但憑一己之力又難以達成，最終可能選擇放棄這個夢想，不過也可以像我們一樣，幾個人合力支付頭期款和每月貸款，分攤金錢壓力；或是有些人也會成立類似夫妻的共同儲蓄帳戶，團結力量大，兩個人存錢一定會比一個人還快，能加速達到買房的目的，不用單槍匹馬存錢，一個人太辛苦了！

不過合資對象一定要是非常信任的人，且產權畫分要清楚，與錢有關的事都要更謹慎一點，我們就有簽訂合約並公證，將出資、持分比例以白紙黑字形式記錄下來，以防之後有房產上的糾紛問題，也是給彼此的保障。

家人間往往很少主動談到錢的話題，人家常說「談錢傷感情」，為了避免傷感情，所以我們選擇逃避，但這並不是一個好現象。如果家人不排斥討論金錢，也許就能解決一些家庭債務或是私人經濟問題，不至於讓問題越來越嚴重，說出來後家人也能幫忙想辦法。勇於跨出心中那一步是重要的，我知道這需要勇氣，但當有了財務方面的難關時，多找信任的人聊聊，坦誠地面對心裡的恐懼，壓力會降低許多。

我在經營自媒體的過程中，分享了關於自身財務的心路歷程，所以也收到許多粉絲傳訊息給我談到家庭債務的困擾，並不是每個家庭都能如我們家一樣開誠布公地談錢，甚至是合資買房，有些人得背負上一代的欠債，或是不擅理財、愛賭博的家人也有可能跟自己借錢。在與家人溝通財務前，必須了解家人的用錢習慣是否適合談論金錢相關議題，以免造成不必要的麻煩。

隨著年紀增長、經濟越來越自主，也要盡量避免跟人有金錢上的往來，除非像合資買房這種狀況，不然基本上能夠不跟人借錢就不借錢，也不輕易將錢借人。人很容易因為錢的問題而產生感情裂痕，如果又是與家人間的借貸關係，必須謹慎思考後再決定。

買房重點筆記

買房是人生大事，平時除了存錢準備頭期款之外，還有一些功課可以先筆記下來，建議先釐清買房的目的，再規畫後續需要準備的事項。

①釐清買房目的為何？

自住或是投資用？對於小資族來說，房子是一筆很大的開銷，每個月需要撥部分薪水繳房貸，如果沒有多個收入來源，生活壓力會稍重一些；而如果是投資，將房子租給他人收租金，每個月則有固定金流進到戶頭，兩者雖然都是購入房地產，但實際差異很大。

②居住地點選擇

不管是自住或投資，第一考量都會是地點選擇，好的地段交通方便、生活機能也較好、保值性佳，未來出售也比較會有人承接。

③房屋需求列表

將所有生活需求列表下來，譬如交通便捷性、周邊設施、公設比、坪數大小、房屋格局、電梯需求等，看房時可以一一檢視是否符合需求。

④找房除了仲介還要靠人脈

有非常多房屋仲介公司，可依自身需求篩選，但找房子其實很靠緣分，先將打算要買房的消息放出去，親朋好友消息靈通，或許知道哪間房要出售，利用人脈也是找房子的好方式。

⑤頭期款準備成數

頭期款準備到三成左右會比較保險，不一定每間銀行都能給你八成的貸款成數；另外是否需要裝潢、購入家具？如果需要，也必須先列入自備款中。

⑥銀行貸款

銀行實際還要依據屋齡、地段、房屋周邊是否有嫌惡設施等因素，鑑定這間房屋的價值，以及買方是否有穩定工作能支付之後的貸款。

⑦議價

買房時記得與仲介或賣方議價，提出這項需求就有機會以較低價格買進。

⑧房屋以外費用

除了頭期款外，還得先準備買房額外的費用，譬如簽房屋合約時需找代書、透過仲介會有仲介費；其他額外支出如契稅、印花稅、規費、住宅火險等。

Part 4

15個月存到 100萬

1991 07 30 - 2021 05 30

“

開源節流

如果不做些犧牲，未來只能羨慕他人
擁有美好的人生。

”

存款又歸零，從頭開始

將僅有的10多萬交給家人一起合資買房後，我的存款又歸零了。其實不管在哪個年齡階段，都很有可能要面臨從頭開始的時候：職業轉換、存款見底、被裁員……此時不必因為重新開始而感到沮喪，而是應該學習轉換心態，讓這次挫折成為之後的經驗值，避免之後再次遇到同樣狀況。

人的適應力很強，突破那道心牆之後，一定有辦法找到出路。從零開始並不可怕，代表這是一個全新的開始和給自己的機會，將它視為新的起點，微小的改變會讓之後的生活變得不同。

你一定也有好不容易存下一筆錢，卻因為犒賞自己、臨時狀況不得已將錢拿出來用，存款瞬間又回到起點的時候吧？這種情況最常發生在下定決心要存錢的時候，這是非常正常的，所以不必感到灰心，如何重新振作起來，並且每個月自律地存下錢才是重點，以下幾點讓你檢視是否哪個環節出了問題，導致無法存錢。

①能存的錢不多

如果發現存款很常歸零，表示存下的錢不足以應付生活臨時狀況，且從一開始分配預算時就沒有分配好，導致容易拿存的錢去補資金缺口。必須重新擬定計畫，存錢的動力才不會被削減掉。可以藉由降低非必要支出，提升每月儲蓄率，或培養專業轉職到薪資高的工作、從事業務類型工作，讓可運用的資金多一點。

②預算還無法拿捏

當我們想要養成存錢習慣時，一定會想快點存到多點錢，就將薪資的存款占比拉得太高，導致其他生活開銷的預算過低，人都會彈性疲乏，一、兩個月後可能就會覺得生活品質太差，無法持久地將錢存下。每個人的收支不同，找到適合自己的儲蓄金額很重要，可以先試著將薪水的三分之一存下來，試驗自己的接受程度，再每個月慢慢調整金額。

③無法克制購物欲

這是多數人最終無法存下錢的原因，每當有折扣、限定商品、手上有一點存款時，就會想要把錢換成喜歡的東西。抵擋物質誘惑並非短時間內可以達成，而是藉由日常一點一點練習出來的，我們無法完全放下對物品的執著，所以要在購買物品前提醒自己存錢的目的為何，如果買下這項物品需要花多少時間才能賺回來，消費前的自我提醒，可以幫助你更順利的存下錢。

上面幾點都是我遇過的狀況。賺錢不容易，存錢也很難，就算存款歸零或是你很晚才決定要開始存錢，一切都來得及，不要受旁人的進度影響，專注在儲蓄目標上，並找出自己的理財盲點。

反思筆記

○不要害怕重新開始，這是個讓自己變得更好的機會。

目標是先存半年緊急備用金

剛開始存錢時，很多人都會忽略要先存緊急備用金，而直接將錢用於買股票、試著賺價差，為的是加速資產累積。但其實並不是每個人都那麼幸運能選到好股票及賣到好價錢，初入股市或許有新手運，時間拉長可能會發現沒賺沒賠是好事，害怕的是慘賠辛苦存下來的錢，這會造成內心的衝擊，也可能影響原本存錢的進度。存錢初期最重要的是先打下資金基礎，慢慢培養存錢的感覺。

首要目標是存半年至一年的緊急備用金，金額多寡則依據每人每月所需的生活費而不同，我先設立半年15萬元為目標，這筆錢就只能運用於突發狀況時，不能使用在購物或投資股票上。

有些人認為，為何不一開始就先存一年的緊急備用金，這樣生活不是比較有保障嗎？但我覺得以剛踏入儲蓄階段的人來說，每個月要擠出錢都有困難了，何況是一次設定太高金額的目標。正因為了解自己可能會太快放棄，所以決定先從小目標開始。

緊急備用金為何重要？

它是生活中的緩衝墊，可以避免沒了工作，至少還有備用金可以支撐開銷一段時間，或是發生意外時有錢能解決問題。

怎麼存比較好？

我的方式是薪資入帳後，直接轉進備用金專用帳戶中，備用金的來源是部分本業薪資加自媒體收入。

錢要存在哪？

建議存在高利活存的銀行中，急用時可以直接領出使用，同時又能獲取一點利息。

直接存股可以嗎？

存股能領股息，似乎能讓資產成長更快，但我們都無法預測未來哪時候需要一筆錢，有可能在股價下滑時需要，賣掉就有虧損問題，因此建議先按部就班存進銀行。

我在存緊急備用金的時候，偶爾也會認為進度緩慢，甚至不知道要存到哪時候，不過看到戶頭裡的錢增長時，會覺得過去那個月工作沒有白費，至少留一點錢下來了，內心成就感是以前沒有過的，漸漸地認同積少成多這句話。就算是從零元存起，小資族只要有耐心，還是存得到半年的緊急備用金！

反思筆記

○時常被人忽略的緊急備用金，必須是存錢的第一個目標。

○這是培養存錢習慣的過程，將理財基礎打好。

開源節流加速存款累積

對於上班族來說，除非是行業類別本身的薪資高，不然收入的天花板是可以預期的，存個十年、二十年都很難買房、結婚生子、規畫退休生活，但一定得逼自己從事高薪的工作嗎？有可能完全不是自己有興趣的工作，做久了會很痛苦；另一方面也可能沒有足夠的專業能力，無法踏進高薪領域，難道小資族就無法翻身了嗎？

存錢本身就不輕鬆，尤其物價齊漲而薪資呈現停滯的狀態，消費能力直接被限縮，想存下錢必須先從自身財務梳理起，找出開銷占比最大的消費類別，試著讓消費金額再更低一點，例如每個月的治裝費是否能減少1千元存下來，或到餐廳用餐的頻率是否能再降低，初期一定會感到不適應，因為這會剝奪生活中的娛樂，但現實是如果不做些犧牲，未來只能羨慕他人擁有美好的人生。

如果是存不了錢的小資族，建議先從節流開始並同時經營投資自己，不管是精進本業或嘗試開源都好。現在社群媒體發達，人人都能幾乎零成本的創立自己的個人品牌，而個人品牌長期經營能夠為自己帶來額外收入，這也就是為什麼越來越多人不分低薪、高薪，都花很多心力在自媒體的行業中，因為這是現代人另種翻身的機會，它打破既定印象的賺錢模式，不分學經歷，只要有足夠的個人魅力，就有機會賺到錢。

而如果本身負債較多急須用錢，則建議直接找兼職工作來減輕生活壓力，因為相較於成立個人品牌，兼職的形式是以時間換取金錢，不像個人品牌必須醞釀一段時間才有可能轉換成金錢，開源的方式必須視用錢的急迫性而定。

開源節流四個字聽起來簡單，實際做了之後才會發現並不容易。想要擺脫過往的自己，不想再一日復一日地度過每一天，或許這個心中理想就會不斷地推著你往前，沒有人一開始就懂得理財以及如何賺錢，依照自己的生活節奏實踐看看吧！

小資族如何節流？

為何我建議從節流開始理財，而不是開源？主要是因為多數人都是上班族，不一定有多餘時間能夠兼差，或是不了解要怎麼開源。從自身現有的資金管理起，除了能夠更了解財務狀況，也因收入受到限制，更能激發人的潛能，例如想花錢就得想辦法賺更多錢，想要存錢就得對物品取捨，這是訓練自己的很好機會。

我還在上班時，每個月扣完固定開銷和儲蓄後，月薪只剩約4、5千元可使用，這主要是我平時的餐飲費，居住在台北的人應該都會覺得不可思議，這些錢真的有辦法生存下去嗎？但因為我跟家人同住的關係，家裡有煮飯的話，就可以省下很多飲食費，以下為我上班時的每月固定支出。

月薪$33,045

- 固定儲蓄$6,500
- 房貸$9,002
- 管理費$1,250
- 家人借款$7,000
- 水電費$1,500
- 交通費$1,280
- 保險$1,725
- 電話費$399
- 音樂平台$149
- 生活費$4,240

▲ 上班族時期的每月支出明細

有些人會誤解節流等於生活品質變差，每個月節制花錢的感覺很難受，但實際開始節流後，我才發現過去的消費習慣造成許多浪費，並不是每樣東西都適合自己，可能用了幾次後就放在一旁，而花掉的那些錢也就沒辦法創造出更多的價值了。因為買進的不是資產，金錢在不知不覺中流失，身上沒錢其實才是讓生活品質變差的主因。

當我斷捨離多餘的物品，不購買品質差的商品之後，我反而覺得自己過得比以前還更有生活質感。節約不是節制什麼都不使用，一樣會花錢，只是謹慎篩選適合自己的物品，在這樣選擇物品的過程中，同時也是在理財。

以下是我節流時做的改變，每個人喜好、消費習慣不同，僅供參考。

食：減少去咖啡店、餐廳的次數，平時飲食也不再搭配一杯手搖飲料，如果家裡有煮飯，就會準備隔天中午的便當帶去公司。

衣：穿著以素面、耐看的衣物為主，顏色多選擇易搭配的黑白灰，盡量維持一進一出原則，淘汰舊衣再買入新的，購買頻率大致上是春夏、秋冬各一次。

住：目前住的房子是與家人合資購買的，房貸方面沒辦法節流；在外租房的話，扣除房租還得存下錢才行，如果薪資與開銷打平，就得考慮是否找間租金低一點的房子。

行：上班通勤我會搭乘大眾交通工具，經過計算，購買台北捷運月票會比較划算，所以每月通勤費是固定的，比較不會有超額狀況產生。

育：租借圖書館的書籍，或是購買二手書籍，線上也有非常多免費資源可以利用，譬如我也會透過YouTube、Podcast、Google學習。

樂：生活娛樂多為靜態的活動，閱讀、看電影、隨處走走，不用花太多錢也能獲得滿足。

反思筆記

○節流並非過度節制自己各種欲望，而是將錢花在有意義的事上。

○不要太極端的過生活，凡事適可而止就好。

八大開源方式

收入來源增加才能加速存款累積，也能避免因本業薪資發生變動，而造成生活經濟困難，尤其在疫情後許多人經歷過遠距上班，節省下的通勤時間可以自由利用，有些人發展斜槓以應付疫情中的經濟損失，這對於現代人來說是解決薪資不漲的最好方式，同時也能從中找到心理的平衡，因為經濟來源不必完全依賴公司，人生選擇可以更多。

以前我的想法是利用假日找兼職打工，一個月下來也能多個好幾千元，但我很快地意識到這並非長久之計，除非我急需一筆錢，不然長期下來一定會影響正職工作，不管是體力或是精神上都很容易疲乏。所以建議想要斜槓賺錢的人，投入真正有興趣的事為主，慢慢地再發展成副業經營，逐漸降低以勞力付出換取工資的工作，這樣未來才有辦法自由的安排個人時間。

常見上班族的開源方式有以下幾種：

①家教

利用下班、休假時間，利用專業教導他人收取教師費。

②兼職工作

常見的餐飲業、外送業、外包接案……常以時薪、案件分潤、計件收費。

③團購主

團媽、團爸、網紅，運用自身社群平台團購商品，從中獲取分潤金。

④代購商品

代購台灣沒販售的物品，從中加價賺取價差。

⑤經營線上賣場

通常都以現有的購物平台經營，販售二手、全新、創作商品；也能成立個人網站銷售個人產品。

⑥經營自媒體

累積粉絲後可以藉由自身的名氣和流量，與廠商合作收取業配費用；或發展成為個人品牌，延伸更多收入來源，如諮詢費、講師費。

⑦寫部落格

多數是以知識、旅遊、美食類型的部落格為大宗，也是多數人會主動搜尋的領域，依照網站流量和聯盟行銷獲得收入。

股息。

⑧投資股票

選擇優良公司投資，買零股或完整一張股票，公司獲利時都有機會分配到股息。

以上工作都能在下班後經營，兼職與副業的差異在於收入的多寡，兼職雖然能夠立即取得薪資，不過受僱於公司薪資起伏小，也可能不是自己真正喜歡的工作，只是為了多存點錢或養家餬口；而副業例如經營線上賣場、自媒體、團購主、部落格等，前期一年、兩年還沒建立品牌口碑和知名度，所以收入較少，但只要經營得好，後續收入幾乎是無上限的，也有機會能發展成被動收入，成就感相對較高。

我主要的開源方式為經營自媒體，最初並沒有當作賺錢的工具，只是單純記錄財務狀況，提醒自己要好好理財，一方面對經營個人品牌也有興趣，想多了解這個行業。因為創帳號時還在職，為了避免一些不必要的麻煩和穩住工作飯碗，選擇以不露臉的形式開始圖文創作。

建議想要斜槓的朋友，先有一個穩定的正職收入來源，利用下班時間經營，風險比較沒那麼大，在職斜槓因沒有金錢的後顧之憂，所以更能放心地去做，不會受限於金錢使用而畏首畏尾。

反思筆記

○ 斜槓已成為趨勢，這是我們面對生活的一種方式。

○ 找有興趣的領域，試著發展成你的專業。

“

IG 經營心路歷程

維持帳號得仰賴你對於主題的熱情，

真正熱愛才能夠長久經營。

”

自媒體帳號經營

當我們逐漸將注意力集中在手機上時，多數的商業活動也都會匯集到網路上進行，社群平台是一個傳播媒介，商家會選擇將行銷預算撥給在社群具有一定聲量和影響力的人，這對他們來說能夠促進商品曝光，帶動業績成長。但要如何讓他人看見我們的個人品牌，進而選擇跟我們合作？很重要的就是得長期經營，輸出對他人有幫助且喜歡看的內容。

選擇 Instagram 經營是因為我平時就常使用這個社群，對我來說圖文的呈現方式會比較輕鬆一點，我了解自己不擅長於拍影片和口語表達，所以就沒有考慮 YouTube。選擇最舒服的創作方式才有辦法投入更多心力，創作出來的作品才會比較自然。自媒體經營可以成為作品集的呈現平台，也能成為日後的個人名片，不受限的發揮個人專業和創作力，是多數經營者熱愛的理由。

在創帳號前，我追蹤了許多日本的節約理財、家政婦料理等帳號，發現台灣並沒有人製作公開收支的主題，且通常理財帳號給人的感覺較嚴肅，生活感較不強烈，於是我想以一個較柔和親民的視覺風格及文字，將理財融入生活，讓跟我一樣不懂理財的朋友可以一起學習成長，透過每個月的紀錄，我也慢慢擺脫月光族的標籤並累積存款。

因為發出的貼文都是真實記錄每筆收支，社群會形成一個約束的力量，為了證明自己有如實照著計畫進行，所以會更有意識地使用金錢，時間久了就會讓自己養成儲蓄習慣。

開始經營自媒體後，發現跟想像中不太相同，原本跟很多人想的一樣，大概就是拍拍照、寫寫文章，應該不會花太多時間，但實際發文後才了解，一週更新幾篇文章其實有難度，且必須不斷蒐集貼文靈感、進修自己，才不至於讓文章過於無聊或是缺乏內容深度。維持帳號的熱度得仰賴你對於主題的熱情，真正熱愛才能夠長久經營下去。

這兩年的經營過程中，我發現很多人一開始很有衝勁，覺得自己一定能夠持續更新，或是對於自媒體抱有太高期待，但當沒有獲得心中期待的成果時，熱情一散去就停止更新。我覺得最好先將它視為一個彼此交流的平台，或是將想法、作品整理收納的地方就好，如果初期就開始追逐粉絲數或是按讚數，會過得很辛苦，要爆紅不容易，多數人也都是深耕許久才有現在的成績。

反思筆記

○選擇喜歡和適合自己的平台創作，先從一個平台開始就好。

自媒體適合怎樣的人？

人人真的都得成立自媒體嗎？其實我很建議大家都有一個自己的發聲平台，就算不露臉也可以透過文字、聲音來分享自己的想法，當作紀錄和找到志同道合的朋友也很好，但如果要進階讓它成為個人品牌的話，就得檢視自己有沒有以下特質，這樣才有辦法不斷優化它。

①願意嘗試

我對於好奇的事情會想要上網找資料研究，雖然時常嘗試後發現只有三分鐘熱度，但我反倒認為這樣的性格很適合經營自媒體，因為自媒體的變化太大，需要透過不斷嘗試並從中修正。最怕的是光用想的而停在原地不行動，只要願意跨出第一步，就是完美的開始，不用把事情想得太複雜，大家都在摸索中成長。

②主動且自律

從小到大身旁總會有猶豫很久到最後就選擇不做的人，或是為自己找各種藉口，這樣的人可能就不太適合經營自媒體，自媒體需要自發性地想貼文、影片主題，或是主動蒐集資料製作素材，如果不夠自律的固定頻率發文，基本上也很難累積自己的粉絲。另外是否有自主學習的能力也是影響成敗的關鍵，經營主題的內容深度需要依靠平時吸收相關知識，藉由知識輸入並內化後產出的內容，才會是有個人特色的內容。

③不怕失敗

不怕失敗也是必備的人格特質，經營過程難免會有沒人按讚、粉絲不跟自己互動的情況，部分原因是初期曝光度不高，還沒有人看到製作的貼文或影片，並非代表自己的作品不好；另一個原因則是產出的內容沒有觸動讀者的內心，藉由經營過程了解讀者的喜好、對哪篇文章特別有感觸，日積月累一定能培養出觀察敏銳度，越來越熟悉社群的經營方式。

④熱愛分享

熱愛與他人分享則會讓你的粉絲黏著度提升，社群基本上都是免費提供的內容，如果你無私的分享所學的專業，對於讀者來說是很珍貴的資源。在這個知識經濟的時代，每項專業都能夠轉換成課程銷售，喜歡分享這件事同時也能帶來可觀的收入，不吝於分享自身所學，他人也會願意與你分享他們所知道的事，彼此學習成長。

IG如何獲利？

隨著越來越多人從自媒體上賺到錢、分享多元收入的方法後，其實大家對於自媒體變現並不陌生，但它真的有這麼好賺嗎？我必須對此保留一個問號，因為對於創作者來說，他可能累積了多年的專業經驗後，分享製作成一則貼文或影片，這為他帶來了收入，但通常我們只看見他拿到了多少錢，而忽略他過去花多少時間在學習這個專業或付出了多少心力。

在談到如何獲利之前，想先分享我和身旁創作者的經營感受，選擇自媒體經營不外乎是累積個人作品、喜歡分享某個領域的知識，或是覺得這是件好玩的事，最初成立帳號都不會將它能為我帶來多少錢當作目標。

以賺錢為目標並非不好，而是自媒體可能得花上一段時間才能看到成效，很多人會因為短期內賺不到錢而放棄，甚至認為能在自媒體圈成功賺到錢的都是少數，不過有可能只是堅持得不夠久，或是對於分享並不是真的有熱忱，純粹只是想從中賺錢。

我認為一開始應該先將帳號的風格、受眾、領域穩固好，了解你想溝通的對象是誰，做這個主題是否能夠讓自己開心，有一群認同你的理念的粉絲，能為他們解決什麼樣的問題，後續才有辦法為你帶來金錢。

IG賺錢的方式有很多，不過都得先建立在有足夠流量的前提上，流量取決於你貼文的可看性，是否有引起共鳴或學習到知識，喜歡你的創作就會跟你產生更多互動。IG會將優質貼文擴散出去，讓原本沒有追蹤你的人，有機會看到你的貼文。只要持續產出更多別人想看的內容，流量自然會提升，在粉絲數跟著成長的過程，就能逐漸將單篇貼文的業配收費提高。

我的第一篇收費合作是在成立帳號一年後，前一年幾乎都是以無酬互惠為主的形式，廠商提供商品或服務給我，我則負責宣傳給大家，何時開始收費完全依照個人自由，並沒有制式規定粉絲數多少才能收錢。而這種廠商合作的業配，可以主動寫信給廠商推薦自己或是等待邀約，基本上IG都是合作一篇貼文及一篇限動為主，也有廠商會詢問Reels的單支影片報價。

現在很多人都有接的團購則是現在社群的獲利趨勢，廠商提供商品給創作者銷售，創作者藉此可獲得商品分潤，通常需要多篇限動來促成銷售，抽成分潤成數至少都是10%以上。

其他我試過的IG獲利模式：

①推薦碼

廠商主動提供推薦碼，如果銷售出一筆商品就能從中分潤，或是一般銀行帳戶裡都有的推薦好友功能，只要推薦一名好友就能獲得現金或銀行點數。

②聯盟行銷

使用過覺得不錯的產品，就能藉由放置商品連結在自己的部落格、自媒體平台中，如果讀者想要購買就能點擊連結直接下單，讀者成功購買後，我們就能從中獲取分潤。

③電子書

將自身專業、經歷寫下並製作成 pdf、epub 形式，可上架於電子書平台或自行於社群推銷，差異在於電子書平台需要抽成，而社群則仰賴有無鐵粉，這非常適合成為個人品牌的第一個商品，因為可行性最高。

④線上、線下講座

線上和線下講座最能直接接觸到自身的受眾，如果本身是不露臉形式經營的創作者，建議先開直播練習自己的口說和臨場反應，也能讓粉絲熟悉你的聲音和說話風格。

上述的IG獲利模式，並非粉絲數多就表示你推廣的商品他們都會買單，而是要找到對於你提供的服務或產品有需求的人，目標越明確也就越容易達成交易。因此不管是在文案撰寫或是形象鋪陳，在IG上都很重要。

反思筆記

○自媒體需要較長時間經營，累積粉絲數和流量，才有機會獲利。

當IG收入大於正職月薪

兩年前不會想到自己經營IG能有收入，也不會想到在公司還有加薪機會。我在上班的兩年多後被加薪了，每個月增加1千5百元。被調整薪水是件開心的事，只不過隨著近幾年的物價漲幅以及房貸每月繳交費用變多，以兩年時間來看，這點薪資變動似乎沒有太大實感。

在下班時間經營自媒體，從一開始接業配幾千元到現在幾萬元的成長，讓我了解自己已經有能力開創更多機會，且自媒體收入沒有上限，不用等待被公司業績考核或是評價工作表現，而是看我願意花多少時間在經營自媒體上，主動為自己加薪。

二〇二二年十二月是經營第二年，結算單月IG收入已超過10萬元。雖然並非每個月都能有10萬元以上，不過對於當時領著33 K 薪水的我來說，一個月的業外收入等於三個月的正職收入。

於是我開始思考或許我能夠好好利用時間，創造更多價值，將一份時間重複出售，於是我在下班時間寫了一本電子書《十萬粉絲經營秘訣—下班斜槓筆記》，內容是我如何從零開始經營IG到超過十萬粉絲，並藉由自媒體有了多樣的收入來源。也因為這本電子書，讓我累積了一定的存款，在職兩年後我提出離職，想要專心地把你手上這本紙本書完成。

業外收入大於正職月薪是我完全沒想過的事，我覺得關鍵點是我在疫情下創立了「30節約男子」這個帳號，當時縮減工時和裁員的情況很多，很多人在沒有存款或是還沒有心理準備的狀態下感到不知所措，而我從日本逃回台灣後開始反思自身財務的過程，以及公開薪資和支出的獨特貼文風格，開始讓大家注意到我這個人的存在，我才了解一個普通的小資上班族，經營個人品牌還是有機會讓收入增加。除了要對自己有信心，把握住當時的社會趨勢也是社群成長的關鍵。

以10萬元薪資來說，上班族可能要在公司待到更高職位才有機會，我藉由下班斜槓來幫自己縮短薪資的距離，我不期望公司能符合我的薪資期待，因為我知道成功機率不大，我只盡力做好職場上該做的事，也盡力經營好我下班後的人生。

你是否想過，如果業外收入大於正職薪水，是否就能更自由的決定是否要離開現在的公司？當在職場遇到不順心的事，內心也能更快消化掉它，因為收入來源不僅只有公司提供，我還能依靠自己的能力養活自己，這樣的心態也就不會太過執著於在公司一定得怎樣才行，畢竟每間公司都有其文化和無法改變的事實，除非自己當老闆，不然基本上都是聽從指示做事，想要自由就得先好好安排下班後的時間。

我很相信一句話：「越自律的人，就能越自由。」

反思筆記

○不被動等待公司調薪，主動讓收入來源變多。

○相信自己的能力，讓業外收入大於正職薪水變成可能。

IG賺錢的優缺點

經營個人品牌有點像是在創業，可以先以斜槓形式進行，至少還有支撐生活費用的正職工作；如果斜槓收入開始大於本業收入的話，就可以考慮將它變為主業，甚至擴展成更大的事業。但一般來說，經營自媒體到真正有收入的過程需要較長時間，也有極大可能會失敗、沒有知名度，無法立即得到收入是這個行業的缺點，因此必須評估自身需要金錢的急迫性。

不過為何現在這麼多年輕人願意投入自媒體，很大部分的原因是不想要被公司的體制束縛。身處在什麼都依靠網路的時代，我們可以藉由自媒體獲取更大的工作自由，能夠當自己的老闆，不用被掌控工作進度，是讓喜歡自由的人心生嚮往的，更大的誘因則是能夠做真正喜歡的事情，分享自己有熱情的領域，凝聚同好、認識更多興趣相似的人。

以我經營兩年IG來說，一開始我完全沒有商業頭腦，也不懂得運用流量變現，開始學習賺錢是因為認識了一群創作者，有些人很會行銷個人品牌、有些人則很懂得在社群賺錢，過程中我不斷地向他們學習，彼此交流之下變得越來越好，一個人的力量其實有限，結識的人脈也能互相協助。

自媒體像是一場沒有盡頭的馬拉松，也不存在誰輸誰贏的問題，只要能從中獲得自己想要得到的東西就足夠了。我認為經營自媒體為我帶來的最大優點，是給了我一個機會，讓我看見自己的另一種可能，現在成為自由工作者，我能夠選擇喜歡的地點和時間工作，也有更多的時間投入寫作，是非常快樂的事！

而透過IG賺錢一定也有它的缺點，當我在職經營時得兼顧正職與廠商的合作兩者，等於同時對接了幾個老闆，要有足夠的耐心去看待他們給的修改建議，並達成他們的委託。下班忙於合作的接洽和工作，也讓原本該有的休息時間瞬間減少非常多，加上原本的社群貼文依然要安排製作、粉絲的訊息回覆、發想新貼文……有點像醒著的時間都在工作，非常耗費體力和考驗自己是否真心想要把社群經營好。

無論是經營哪個副業，想要讓它變好勢必得犧牲時間、體力、金錢，沒有什麼工作是只有優點沒有缺點的，即使是自由工作者也是，這一點必須早點認知，才不會遇到挫折時無法振作。

反思筆記

○我認為世界上沒有賺快錢這件事，凡事都需要花時間付出努力。

○經營過程一定有收穫也有失去，必須自己取捨。

經營IG的挫折面

我在經營自媒體的過程並非一帆風順，前期經過了半年的低流量期，純粹是基於喜歡寫文章才持續下去，直到有一篇記錄薪資的文章，突然在短時間內讓我粉絲增加了一萬六千人，之後的文章才被更多人看見，但也因為流量大幅增長，吸引了許多酸民回覆，對於剛開始經營公開社群的我來說，一次要面對這麼多與自己價值觀有差異的人，其實並不容易。

他們會提出一些對於我人生的質疑，譬如為何30歲了薪水還這麼低，說我一定是年輕時不夠努力念書沒有考上好學校，才找不到高薪工作，或是當我負債又低存款時，他們會拿自身的高成就、高薪資來跟我比較，並以個人價值觀認為我應該怎麼做或不應該怎麼做。儘管我只是單純地記錄自己在30歲擁有的事物，還沒經營社群之前，我並不知道原來30歲領低薪、負債、零存款會被人批評。

或許是二〇二二年疫情的關係，上網時間變多、疫情衝擊民生，許多人也想重新審視自己的財務狀況，剛好我經營的主題符合大眾好奇心、想看的個人理財主題，因此當時的高流量維持了將近一整年，不過卻因此頻繁地收到充滿惡意的訊息，有陣子我竟會害怕點開訊息通知，我怕自己是不是寫了什麼引起他人的批評，我不知道他們想從我這裡獲得什麼，是我應該要對自己的低薪感到抱歉嗎？還是我要改變我的價值觀呢？

我在這些批評指教中也上了一課，經營過程中陸續有廠商找我合作，或是肯定我、喜歡我文章的粉絲們，他們給予我鼓勵的話，更堅定我在做的事情是正確的，並沒有因他人對我的看法，而模糊了我未來的目標。一直以來我都很明確想當自由工作者，於是我從低薪、負債、零存款的狀態，在兩年多時間，透過自媒體翻轉成業外收入超過百萬，負債也還完了。我用時間證明我是有能力做到的，並非只是紙上談兵的談論理財這件事。

經營自媒體需要有顆強心臟，每個人對於每句話都有各自的解讀方式，你不在意的事，別人可能非常在意，一字一句都會被放大來看，他們不一定會看到你的每個面向，不認同或惡意攻擊都是正常的。我們無法控制他人想法，也無法得知為何他們這樣做，重要的是如何看待自己，以及轉換心態調適，只要認為是正確的事情，就該好好堅持下去，不輕易受他人影響。

反思筆記

○每個人看待事情的角度都不相同，不需要與他人爭辯太多。

如何面對經營挫折？

其實不只在網路上會遭受他人評論，私底下也有很大機會被旁人說三道四，所以在經營自媒體初期，我就不打算在我的朋友圈公開，我希望這個帳號呈現的內容都是最真實的感受，如果有認識的人，我可能會無法盡情的寫作，這是為了避免接收到太多來自親友的聲音所做的決定。回頭看，這個選擇很正確，畢竟我做的主題與其他人太不相同，公開薪資和存款這件事在兩年多前的IG上並不普遍，短時間內可能還不知道該如何解釋我創作的出發點。

旁人給予的批評、建議從來不曾減少，只要自行篩選對自己有幫助的，不需要全盤接收，因為每個人的成長歷程截然不同，需要考量的事情也完全不一樣，像有些人出社會就得幫忙分攤家裡的債務，有些人則可以一出社會工作就將多數錢存下，兩者同樣都是在工作，卻因家庭背景而影響了儲蓄的進度，前者可能十年後還清了債務準備從零開始存錢，而後者則已存到了一桶金也說不定。

既然出發點不相同，也就沒必要心裡抓著一個點不放，這樣只會讓自己感覺跟不上別人，處處跟別人比較，沒完沒了。

經營自媒體其實也算是一種人生修煉，需要學習的技能很多，也考驗自己的耐性，更重要的是如何與各式各樣的人溝通，當帳號已成為個人名片時，溝通的技巧就會影響整個人的聲譽。

我其實不喜歡與人有爭執，在現實生活裡也是，多數時候是認為場面難看，自己也懶得處理這樣的事情。我也會將這樣的性格挪到網路上，當別人對我謾罵或是使用較情緒化字眼時，當下雖然覺得怎麼會這樣，但我只會讓這種負面情緒停留在腦海中一下下，我知道當我鑽牛角尖的思考別人怎麼這樣對我時，只會讓自己更辛苦，因為永遠不可能知道網路上的人的真正想法和目的。

我的挫折源自於我選擇經營自媒體，既然這是自己的選擇，過程中遇到的所有好事壞事都是經驗，要怎麼看待，通常也都是一念之間，選擇放下重新出發是善待自己，畢竟沒有人是完美的，我只要了解自己想做什麼，是否有在進行就已足夠，其他的事情都可以當作過眼雲煙。

反思筆記

○ 經營自媒體也能邊訓練自己的心理肌肉，它會變得越來越強壯。

經營IG的收穫

我不知道原來像我一樣普通的上班族，也可以幫助到很多人並具有影響力，單單只是記錄生活開銷和收入，就收到了人生中最多次的感謝。粉絲感謝我開啟這個帳號，讓他們覺得領低薪、還債、存錢之路不孤單，有一個人一起奮鬥的感覺很棒，有的人因此還完了債，一起存到錢。我也時常在帳號上分享理財和個人成長的書籍，粉絲與我都能吸收到知識，對我而言輸出貼文也是再次學習，從各種反饋中獲得不同面向的思考方式。

一個人的影響力其實很巨大，但我們往往小看了自己的力量，其實不用成為網路上的網紅，與人相處就會默默影響他人，或是被他人影響，促使我們做出不同的行為改變。

記得我開始實施斷捨離在整理家裡衣物時，與身旁朋友聊到這件事，他們也覺得適當斷捨離，並將沒在穿的衣物拿去擺二手攤出售，清空的感覺對身心狀態很有幫助，這也算是種彼此影響，做著喜歡的事情，將自己的喜悅分享給別人。

有次寫了幾篇關於幫人作保因此負債的貼文，意外地讓許多原本潛水的粉絲紛紛留言給我，表示自己也遇到同樣情況，很多人不知道當下該怎麼處理，甚至因為幫人還債而打亂原本的人生計畫，直接影響到身心狀況，他們很感謝我製作了那篇貼文，像是拉了自己一把，了解原來不是只有自己，還是有很多人可以一起面對難關。

我就像是一個橋樑，連結起原本平行的兩條線，將一群具有共同理念或是想要一起變得更好的人聚集起來，彼此凝聚成一股往前進的力量。當我還完了債務、存到了錢、達成了自己的理想目標，我也將自己的心路歷程分享給有需要的人，當我分享出去後，別人收到我的心意並且給我心得感想，那些回饋才是經營社群最大的收穫，這是一個正向的循環，我覺得很值得花時間經營。

除了影響力，我還很幸運的遇到許多貴人，給了我很多機會和資源，例如各大出版社提供書籍給我閱讀、廠商願意信任我與我合作，還有在IG上的創作者們彼此協助，認識很多以前不可能會認識到的人，我很珍惜這些緣分，都是自媒體帶給我的美好收穫。

反思筆記

○自己的微小力量，也有可能成為別人心中的一個浮木。

“

存到 100 萬，然後呢？

試著想像一下，未來的自己過著什麼樣的生活？

”

存到一桶金後要做什麼？

在我20幾歲時，覺得存到100萬元是件離我很遙遠的事，因為自己的薪資扣除掉生活開銷，不管怎麼算都要花好幾年才能存到這個數字。曾經想過如果有存到一桶金的話，我想要去歐美念碩士，雖然沒有決定要念哪個科系和去哪個國家，就只是想再出國生活看看，而這個夢想隨著年紀和想法改變就消失了。

到了30歲，待了幾間公司，經過社會的洗禮，深知賺錢的不容易，用錢態度的轉變，也讓我思考這一桶金可以為我帶來什麼，最後我選擇用這些錢讓自己短暫休息一陣子，週一到週五的上班加上下班斜槓的日子，讓我的身心都有些疲倦，我並不是一個會一直往前衝不放過自己的人，所以當我覺得生活節奏已經無法掌控的時候，我會選擇先停下腳步，給自己時間好好沉澱，嘗試當個自由工作者，感受一下自由接工作的感覺。

每個人都應該適時地給生活多一點呼吸空間，而不是將時間、空間塞滿，這樣太讓人窒息。

以前的人有了一桶金會想要拿來買房，現在年輕人想要買房的人還是很多，但台灣的房價居高不下，一桶金基本上已經無法達成這個夢想，有的人會選擇繼續儲蓄、投資，讓這一桶金變兩桶金、三桶金，等到資金比較有餘裕的時候再買。

不過房價同時也在成長中，有種大家永遠在追著房價跑的感覺，讓小資族對於未來買房不敢抱有太多的期待，一桶金的價值相較於從前也變得越來越低，但我們仍必須相信存錢的好處終究大於壞處，抱持著這個信念，以後遇到金錢問題一定能更輕鬆解決它。

100萬是個階段性目標，達成之後很有成就感，會相信自己的能力並朝著下一桶金邁進，可以趁年輕時多累積資產，好好利用充足的體力多賺錢，降低日後的金錢焦慮，有了存款當後盾，也能逐漸擁有生活的選擇權，可以過得更從容有品質，不用感覺一直匆匆忙忙追著錢跑。

反思筆記

○存到一桶金的話，你打算做什麼呢？

○將它視為階段性的儲蓄目標，並將現在的日子過好。

15個月存到100萬

一直都有在貼文記錄存款進度，二〇二二年二月存款歸零，於五月開始每個月產出一篇存款文，也是從那時候開始有接收費的合作，我會將業外收入絕大部分都存下來，或是買書、上線上課程投資自己。帳號經營滿一年時，粉絲數約4.4萬人追蹤，陸續有品牌找我合作，每週都會固定更新貼文，累積了一些流量，隨著粉絲數成長，我也將貼文報價從幾千元調整到萬元以上。

從頭開始存錢其實並不覺得痛苦，而是覺得之前培養的存錢習慣都是有用的，懂得運用自媒體替自己加薪時，心裡非常有成就感。我意識到節流能存下的錢非常有限，再怎麼節省好像就是那些錢，且經過疫情的衝擊後，也了解在這世界上很多不可預料的事都會發生，單一的工作收入絕對會是很大的風險。

我嘗試別人也做過的聯盟行銷，或是分享銀行推薦碼來獲取額外收入，雖然收入不多，不過也在拓展我的收入來源，結合多種業外收入和自己的電子書銷售，讓我得以在15個月存下100萬。

很多人驚訝於我短時間內就達標，我自己也完全沒有想過能在這麼短的時間內存到這筆錢，畢竟100萬上班族要存很多年才有辦法存到，加上我本業薪資又只有33K。

我覺得自己是個很幸運的人，能夠在對的時機點成立自媒體帳號，並利用自己熱愛寫文字的這項興趣發揮在平台上，藉由當時的流量讓更多人知道我，後期不斷創作與修正，堅持貼文品質和發文頻率，與粉絲保持友好關係，才逐漸發展成有個人風格的帳號，這些平時的累積也是縮短儲蓄時間的要素；另外則是收入增加時，我沒有改變原有的生活習慣，依然維持低消費和低物欲，才能把錢存下來。

累積到了一桶金，是在我離開公司兩個月後，也因為離職後的生活開銷都是由IG收入來支撐，並不像以前有個穩定薪資能每月支付掉費用，無形中也給了自己一個新的挑戰。相較於以前每日打卡上班領薪水，這個生活轉變也讓我重新思考，賺錢的方式有很多，我不一定要進到公司體制下才有薪水，既然我離職兩個月能夠持續有收入，甚至比在職薪水高，我就可以妥善運用賺來的時間，好好做自己想做的事。

離職後的自由人生

疫情之前「財富自由」「數位遊牧」「極簡生活」等字眼突然大量地出現在眼前，但當時我並沒有太大感受，只是覺得那是另一種生活方式，看到網路上有人分享相關經驗，感覺難度過高，畢竟當時我領著30K上下的薪水，想像在數年後財富自由，或是帶著一台筆電就能到處去各國「遊牧」邊工作邊旅行，光用想的就會覺得不太可能，因為沒有專業到可以獨當一面的技能，也沒有高得足以讓我存下很多錢的月薪，光是應付生活開銷都有問題了，應該很難吧？

但我對於創造被動收入、經營個人品牌還是很有興趣，加上疫情後工作模式改變，所有腦海中的關鍵字都一個一個串連在一起，在經營自媒體的過程中，我開始感受到有機會跳脫一般上班族的生活，運用大家所謂的網路流量賺錢，雖然在過程中還是充滿不確定性，不過隨著每個月幾乎都有業外收入進到戶頭，覺得自己能夠辦得到，就勇敢嘗試吧！

期間也是一直學習相關知識，雖說平台的演算法難以拿捏，但還是有一定的眉角可以讓帳號經營得更好，這也是經營的樂趣所在。就這樣從零粉絲到現在的12萬粉絲，也從零收入到破100萬業外收入。

提出離職後，我開始過著接案的生活，離職前先確認了自己的存款狀態，以及是否有在公司學到了該學的東西，確定沒有太大的經濟壓力後，突然放鬆下來的日子，我每隔一段時間就去拔罐、推拿身體，徹底讓身體累積許久的緊繃得到釋放，看著身上一圈一圈深紅色的拔罐印痕，我才知道身體早已疲憊不堪，只是在上班時一直抱持著「應該還好，可以繼續撐下去吧！」的態度對待自己的身體。

我將「30節約男子」帳號的經營，視為我離職後該做的工作，我很熱愛這件事情，所以並不會感覺是在工作，能夠自行安排進度發貼文、接洽合作、創作，對我而言是快樂的，因為每一個獲得都很不容易，我很珍惜，過著以前嚮往的生活，回想過去的努力，一切都感覺美夢成真！

離職後四個月，很幸運的每個月的IG收入都有達到六位數以上，經過這兩年期間的在職斜槓神奇旅程，我更加堅定地認為要做自己喜歡的事，才有更大機會成功達到目標，而喜歡的事情要怎麼找，最直接的方式就是不斷嘗試，總有一天會試出心得，也會篩選出適合發展的方向。年紀不是問題，困住自己的永遠都是自己的心魔。

我在31歲毅然決然離開看似穩定的工作，多少都會擔心未來，但這次也算是我的新嘗試，我想知道這樣的生活過起來怎麼樣，這是對於生活的好奇，也是不讓自己後悔的選擇。

反思筆記

○離職前須盤點自身財務狀況，才不會在沒收入後陷入恐慌。

○顧好身體資本，努力過程也要記得讓自己休息。

從上班族到自由工作者的心態轉變

並不是每個人都適合當自由工作者，除了要為自己的生活費負責之外，還得養成自律的工作模式，不會再有主管交付工作，也沒有制式的工作流程，收入來源要自己想辦法，每一間廠商都是一個老闆，各種要求難以避免。且必須考量沒收入的話還能繼續維持多久，像是把自己當成一間公司一樣經營，沒有獲利接下來就會走得膽戰心驚。

從以前被灌輸到現在的觀念是，找到一份工作穩穩地待下去，每個月固定領薪才有辦法好好規畫未來，但現實是即使是找了份工作，可能也無法如想像中般順遂。我們會面臨自己內心真正渴求想做的工作，同時又得顧及旁人的想法，薪水高的工作內容不適合自己，薪水低的工作又生活不下去，總是卡在這樣尷尬的位置，意識到如果我再不做出改變，就會這樣度過一輩子。

在上班族時期，我將成為「數位遊牧工作者」或「自由工作者」當作心中的一個理想，想像如果未來我真的成為這類型的人，將有多自由自在，找一個喜歡的國家、咖啡店，開啟一天的工作，不受限於環境及時間，完全依照個人行程安排，有了這樣的想像後，我就開始蒐集各種資料，他們需要怎樣的專業才能遠端工作、需要先累積怎麼樣的軟硬實力……篩選掉不適合自己的，其他則利用下班時間慢慢摸索。

我曾運用本身的設計專業，接過一些朋友委託的繪圖或設計案，不過也只是零星的幾個案子，無法成為養活自己的收入來源，直到30歲經營起自媒體，才開啟了我現在的自由接案之路，相較於過去的案子，我更喜歡現在以文字創作的形式，更貼近我的內心喜好。

從上班族離職到成為自由工作者，我認為改變最大的是我的思維，過去對於賺錢這件事，會認為可能還是得透過正職跳槽或是假日兼職打工形式，才能替自己每月多加點薪水，但其實這樣的薪資幅度是狹小的，可能到最後還是會走不出循環，在存不到錢與無法實踐目標中苦惱；現在則會更注重時間的使用，不管是投資自己的專業、發展有興趣的斜槓、產出個人商品都好，持續優化自己才有機會創造其他可能。

想要成為自由工作者的朋友，現在是個很好的時機，雖然看似每個平台都競爭激烈，不過也正因如此，代表它依然存在熱度，有人流的地方就有機會能讓你賺到錢，有本身專業更是優勢，幫別人解決問題並盡力達到對方要求，逐漸累積口碑，這會協助你開創自身事業。人與人之間最好的行銷就是口碑傳播，將自己的品牌打理好，跳脫上班族的單一收入就是時間早晚問題了。我能做到的事，你一定也可以！

反思筆記

○試著想像一下，未來的自己過著什麼樣的生活？

○先跨出去嘗試一遍，才能越接近理想生活。

Part 5

疫情之後的反思

1991 07 30 - 2021 05 30

用錢思維改變

不用因為過去的所作所為而感到愧疚或後悔，而是活用學到的經驗來讓自己成長。人生遇到的每一件事都不是偶然，曾經認為逃過的事情，總有一天會回過頭來找你，終究會以另種形式需要你解決，這是每個人都會面對的課題，自我反省協助我更快擺脫困境。

疫情衝擊改變了我的用錢態度與金錢觀念，我盤點開始工作以來的工作經歷和能力，沒有累積扎實經驗，也沒有特別突出的作品集，又即將滿30歲的年齡大關，在各個方面基本上都不及格，如果不做出什麼改變，就會被稱之為中年魯蛇了吧。不過我知道過去那些時間並沒有浪費，無論是再次出國生活，或是不斷找尋自己真正有興趣的事的旅程，都是生命中美好的養分。

用錢態度是我第一個最想要改變的事，疫情當下許多沒有料想過的事情都發生了，譬如確診後被限制出門，或是大家瘋狂地在囤民生用品，當時疫情嚴重時看不到結束的盡頭，如果這期間一直無法出門工作，最基本維生的金錢擁有多少？戶頭的錢足以支撐多久？這些被稱之為緊急備用金的錢，我是在疫情下才得知應該提早準備，為了避免未來再遇到同樣情況，必須改掉過往沒有意識的亂花錢行為。

改變自己的用錢思維並不容易，它可能會挑戰從小到大的金錢觀，我試著從各種理財書籍學習他人經驗，再慢慢地篩選出適合自己的方式，不必全盤接收家庭與書籍給你的理財建議，因為不一定正確和適合自己。一點一點實踐儲蓄目標，不強求短時間內存到很多錢。儲蓄過程中能逐漸了解錢之於人是什麼關係，錢應該是一個能讓自己變得更自由快樂的工具，而不是提到它就感到莫名恐慌不安。

過去花錢習慣都是單純地滿足當下的快樂，沒有思考未來會需要用錢的情況，將錢存下延遲享樂，而單單只是思維轉變帶動的理智用錢行為，就能改變一生。

反思筆記

○當被金錢的事困擾時，試著回想自己的用錢態度是否適當呢？

○讓錢帶給你安全感，而不是光想到就不安。

被減薪裁員的可能

無論是疫情也好，AI科技的竄起也好，都顯示某些職業正在被取代或消失，科技變化快速也在考驗我們的社會競爭力，除了擁有一份穩定薪資的工作之外，還得思考如果有天沒了這份工作，還能依靠什麼能力在這社會生存。

減薪、裁員、無薪假在後疫情時代仍在上演，只要公司營運出了問題，資金無法繼續運轉下去，第一個會直接考量人力的刪減，因為人力是每月必須付出的固定成本，如果不能再為公司帶來獲利，就得面臨部門縮編甚至是裁員的危機。

近幾年時常聽朋友說公司遇缺不補的情況，只要哪個員工離職了，那個空缺就會一直空著，這也表示職缺變少，求職者的難度提升，或個人工作被分配得越來越多，一人抵兩人用，可能原本應徵的職位是行銷，礙於人力減少被要求也要兼著做美編設計，對於公司來說是精簡人力，但對於受雇者來說卻是種壓榨，許多人礙於要維持生計，不得不的情況下，只好忍著做不屬於份內的工作。

想要擺脫這樣的工作迴圈，或是不想被要求做自己不喜歡的事，最可行的方式就是利用下班時間，發展自己有興趣的斜槓技能賺錢。因為公司制度很難被改變，斜槓不用受限於公司的體制，也能避免只有單一收入風險，當公司打算縮減人力時，至少還有自己的避風港，如果經營副業順利，還能選擇當自己的老闆，不用擔心被減薪或裁員等問題。

很多人都說要不斷投資自己，也就是基於這個邏輯。日常除了儲蓄之外，還得持續精進專業或培養第二專長，每項技能都得花時間學習，短時間內不會有明顯成果，但等到實際派上用場時，會很感謝當時的自己所做的努力，學習新事物要持之以恆是很難的事，但如果能夠堅持下來，成功也就不遠了。

反思筆記

○沒有一份完全安穩的工作，每個工作都存在風險，精進專業或擴充能力範圍，都是面對未來很好的利器。

未來不當下流老人

「下流老人」一詞源自於藤田孝典所著書籍《下流老人》，是指晚年生活經濟困頓，或是需要社會救濟的老年人，他們有些人也曾有著體面工作，或是曾經晉升到優異的社會地位，但基於各種原因，譬如事故、心理疾病、世界經濟衝擊、沒有退休金規畫……導致晚年無法過著舒適的退休生活，多數人甚至不曾想過會變成這樣。

未來會如何並沒有人知道，不過如果能提早意識到金錢的重要性，並且趁還有工作能力時，多少存一些錢，適當規畫老後可能需要的生活費用，也許能夠降低成為下流老人的風險。將人貼上「上流」「下流」這樣的標籤，或許不是太恰當，但我們必須理解社會上有一群需要幫助的人，過著較困頓的生活，反思我們未來想過怎麼樣的生活，現在能夠做出什麼努力，這才是我想傳遞的理念。

幸運的是我們這個時代，可以快速擁有許多理財資源，且只需要上網搜尋就能找到很多相關知識。退休這件事看起來離自己還很遙遠，可能還有20、30年，不過也正因為如此才更應該好好利用這些時間。現代醫療健全，人的平均壽命也比以前長，建議從領第一份薪水開始就撥一點進退休金帳戶裡。如果你跟我一樣不想工作到65歲才退休，越早意識到退休金的重要，就有機會運用時間複利將資產翻倍，等到被動收入大於生活開銷時，也等於財務自由了，想要繼續工作或是休息都由自己決定。

除了個人儲蓄之外，基本保險也必須兼顧，年紀越老身體問題會越多，保險的重要程度不可忽視。以我之前月領33K薪水來說，我會挪用大約5%左右的錢支付保險，也就是1千7百元左右，隨著業外收入增加，我才又加保了原本沒有的癌症險。每隔一段時間檢視自己的保險狀況是否有需要增加，不用一次保過多，不然只會限縮到自己的日常費用。

我們現在能做好的是顧好身體健康，學習投資理財，照顧好身心狀態也是一種好的投資。將規畫退休金這件事放在心裡，不管是否想工作到老，從現在就開始累積未來生活品質的底氣吧！

反思筆記

○未雨綢繆並非過度擔憂，而是人生有太多突發意外，總得預先安排準備。

除了錢，人生還擁有什麼？

我們每天不停工作，為了三餐溫飽，或是實現理想中的目標，例如買房、買車、購物等，但我們似乎很少思考這樣的工作模式，是為了生活而工作，還是為了工作而生活？雖然我對於工作態度很認真，但不至於到工作狂的地步，還是有辦法跳脫當下的身分，好好檢視自己在忙碌什麼，當我發現只是為了賺錢而沒有學習到東西，或是覺得已經失去工作目標時，我就會選擇離開並探索其他興趣，因為我清楚再繼續下去消耗的是我珍貴的時間。

不清楚自己的興趣和想發展的工作沒關係，我們都在摸索中成長，出社會後到30歲的這幾年間，我並不像同年齡的朋友般，持續地在自身專業中鑽研，並且累積了多年經驗和實力，社會所看重的職位及薪資，我也都沒有。

我喜歡太多東西了，大學畢製時繪製方巾，有人購買我就思考是否能藉由繪圖來賺錢，於是短暫地經營起繪圖帳號；也曾想過既然我學了日文也到日本留學過，或許能精進自己的語言能力，再去日本工作個幾年，未來當個翻譯書籍的人也不錯，所以我又去日本打工度假。

許多事情嘗試後沒有當初所想的順利，應該是也失去了當初的衝勁，所以沒有堅持下來，但那些勇於嘗試的經驗，都成為我現在能夠分享的故事，這也是我很滿意的人生狀態，回首過去是各種酸甜苦辣的回憶，而非都只停留在上下班的日子。

大學學姊跟我說過一句話：「人生活得精采才是最重要的，生命長短反而是其次。」這句話雖然淺顯易懂，但要實際做到並不容易，因為豐富的人生通常參雜許多痛苦成分，當下並不會覺得這是精采人生，只會覺得怎麼會這麼辛苦，但只要撐過那個痛苦期，之後遇到的事情就能看得很淡，也能更從容的處理事情，這應該就是精采人生必備的過程吧！

除了錢，人生還擁有什麼呢？每個人心中重要事情的排序不一樣，將金錢排在第一順位並沒有對錯，這都是我們的價值觀差異，不管追求的事情是什麼，最重要的還是要讓自己感到快樂。

反思筆記

○人生並不只有工作，還有更多值得追求、熱愛的事，等著你發現。

○酸甜苦辣的人生構築了精采兩個字。

覺得工作乏味？先做好準備

對眼前的工作開始感到乏味無力時，可以觀察主管是不是自己想成為的那種人，如果他的工作內容或是薪資都不是的話，反問自己繼續留下來的原因是為了什麼，是因為現在沒有緊急備用金能夠支付日後開銷嗎？還是覺得現在生活雖然無聊，但還過得下去就好了，深怕自己的年齡出去外面找不到工作，或是貿然轉職擔心被家人說話呢？

以上這些考量都是必要的，因此在離開乏味工作前得先做足準備。

其實我們都知道該如何解決人生困境，過往經驗和身旁友人都會給予建議，知道怎麼做很簡單，實際要去執行才是最難的事，我們往往最缺乏行動力，因為只要是人都清楚慵懶的舒服，每天下班後追劇耍廢，可以療癒上班時的各種疲憊，日子一天天過去，什麼遠大的夢想都如浮雲，每年年初訂下的各種目標，都有可能在年末時當作小笑話來看，最終我們每一天的模樣，就是自己一輩子的縮影。

乏味的念頭已經浮在腦海中，就算過幾天可能回歸到原本對工作的熱忱，我相信過不久這種無趣的感覺一定又會回來，屆時又會煩惱該不該離開，這樣的循環會無止盡，除非有天痛定思痛想要改變人生。

其實不需要將改變想得太困難，我們只要相信自己有能力且願意先跨出一小步，每天花一點時間學習，可以先從十分鐘就好，再慢慢增加上去，累積個人實力後，等到未來有想離職念頭時，才有能力說走就走。

最理想的工作應該是自己樂在其中，不覺得是在工作，生活與工作的界線不畫分得那麼清楚，不會因為想到工作這件事，而感覺到壓力。如果你每到週日晚上就覺得要面臨一週的工作折磨而感到不愉快，那麼這份工作可能不適合你，開始存錢、學習技能，替未來離職做準備吧！

離職前準備清單：

①資金

為了避免離職後的空窗期無收入，資金至少須準備半年的生活費。

②專業技能

是否有足以解決他人問題的能力，專業能為你帶來下份工作。

③人際關係

職場上以和為貴，留下好印象和人脈對自己會有幫助。

④心態

為了自己的理想生活，心態必須更堅定，不能搖擺不定。

反思筆記

○既然都覺得乏味了，繼續留下的理由是什麼呢？

○離職前要思考是否有存款，能否支撐自己度過待業時間。

珍惜與家人的相處時光

在海外生活的那段時光，總覺得特別想念與家人在家相處的點點滴滴，好像一個人在外就會不小心放大很多情感，或是反思自己要在國外待多久，這會少了許多與家人相處的時間，除了在日本生活環境很舒適之外，其他層面真的有重要到需要繼續待在日本嗎？

這些問題一直反覆地出現在我腦海中，人生中前三項重要的人事物，海外生活並不會排進裡面，它只會是一個我人生的憧憬，還有比它更重要的事情。

距離絕對會產生美感。

當我回台與家人同住後，開始發現一個人在外的節奏和習慣早已成型，有時會因一些生活習慣不同而影響當天心情，或是成天相處少了一個完全獨處的空間，這些都是需要磨合的地方。年紀越大對於任何事物的毛病也就越多，也或許是因為更認識自己，更了解內在和外在需求，所以才會產生這樣的感受吧，但同為家人一場，沒有什麼事是過不去的，也不需要強求家人改變，因為每個人都有各自的生活選擇。

我很感謝自己在疫情後成立了「30節約男子」這個帳號，在那之後發生了許多我從沒想過的事，例如與許多廠商合作、藉由IG賺取了收入，或是離職後仍持續有收入維生，好讓我有更多時間能夠完成這本書的寫作。

我也利用換來的自由時間，安排了一場說走就走的旅行，帶著我媽媽去日本九天八夜，這對我來說也是人生的里程碑，以前的我沒有這個經濟能力和時間，現在趁彼此都還能出國旅行，就好好把握這個機會。目前的我也進化成了更經濟自主的男子，能帶給家人更好的生活，這也是我努力的動力來源。

我一直追求生活與工作平衡，雖然對於很多人來說很難，但我覺得還是要嘗試看看，因為忙於工作會錯過很多值得在意的事，人生不僅只有賺錢而已，更多的是在這趟旅程感受到了什麼。每天下班回到家可能完全不想說話，這樣日復一日的日子應該不會有人真的喜歡，先停下來喘口氣深呼吸，靜下心想想什麼事對你是最重要的，如果是想見家人一面，就打通視訊電話或是回家吧！

以前的我不善於表達自己對於家人的關心，也是在外生活後才讓我深刻感受到家人的陪伴還是最珍貴的。

年輕時我們沒有錢，卻擁有時間、體力，等到老了有了錢，卻沒有時間和體力，這其實是很尷尬的，也因此很多人都有遺憾自己過去沒有做什麼事。我意識到這件事之後，就告訴自己這並不是我想要的，即使我現在還沒有賺到足以退休的金錢，不過生活還過得去，我得趁現在三者都還健全的時候，好好實現我的自由工作目標，同時也能花多點時間與家人相處。

反思筆記

○什麼是人生最重要的，想好了之後就先去做吧！

越感恩，就越知足

你會每天記錄下當天發生的事情嗎？

自從開始寫感恩日記後，每日情緒都能獲得充分沉澱，看起來平凡無奇的上班族生活，其實還是充滿許多有趣的事，藉由日常觀察還能體悟到一些哲理，感恩是件自己開心，別人也會感受到溫暖的事。

但每天真的有那麼多值得感恩的事情嗎？我其實更喜歡將過往的經驗和回憶結合至日記裡。現在的我都是過去的我做出的選擇層層堆疊起來的個體，如果沒有那些挫折或經歷過的事，我可能不會有現在的生活，雖說不是大富大貴，但我感到很幸福。

為何我能夠持續達到心中的理想？很大部分原因是抱持著正面的心態，相信自己能夠達成，也感謝對我伸出援手的人，他人絕對沒有義務要協助自己，但他們選擇這樣做，我也會以自己的方式回報他們，這樣能夠產生一個正向的循環，對彼此都很有幫助。

感恩這件事常被忽略，尤其現在充斥各種訊息，內心早已被塞滿，現代人感覺都汲汲營營地在追求著什麼，卻鮮少看見自己擁有的東西。我們其實不需要過多的物質來證明什麼，試著了解自己內在缺乏的那塊是因為什麼，是從小的物質缺乏，還是不想在社會上被他人比下去呢？

不斷地追求會讓自己過得辛苦，我們都有足夠的權力選擇喜歡的生活，想要買什麼、使用什麼都是自己的選擇，但當我們先暫時放下這些物質、撕掉別人為我們貼的標籤時，還剩下什麼？是否我們還能滿足現狀呢？懷抱感謝的心，就能發現其實自己並沒有想像中過得那麼差，會更容易感到知足。

試著每天寫下一件讓你覺得感恩的事吧！或許你會跟我一樣開始有各式各樣的想法浮現，也覺得其實日子還滿有趣的，最重要的是將內心安頓好，好好地過完今天。

反思筆記

○為生活的小事感恩也好，會從中感受到溫暖的能量，原來自己正被善待著。

○練習記錄感恩的事情之後，發現我其實過得很幸福。

Part 6

只要能累積財富，慢慢來也沒關係

1991 07 30 - 2021 05 30

不為年齡焦慮

每個年齡階段都有各自的煩惱，也時常被賦予一些任務，20幾歲畢業後的日子，都像在追逐著什麼般，不斷被推著往前，好像當別人往前跑時自己也不能停下，不然就會落後他人。等到了30歲，自然又會產生新的焦慮，然後繼續往下個人生階段前進。

我們的焦慮來源多數來自家庭、職場、朋友，我們都會被認為哪個年紀應該要做相對應的事，這樣才能符合社會期待，如果自己不小心在社會上脫軌了，就容易被貼上各種標籤，於是我們的行為也就越來越相似，甚至被一個無形的框架給限制住了思想。但一套規則無法適用於每個人，我們的人生任務也不盡相同，真的不必滿足他人期待，而去做自己不擅長和不想做的事。

大學畢業後不清楚自己的職涯定位，工作時常待不久想離職，就會被認為是草莓族。我認為不斷探索興趣並刪去不喜歡的，才能找到真正適合自己的工作，但現實是這樣的行為會被認為是不安定，找一份穩定的工作做下去好像才是人生首選。

在這樣徬徨無助的情況下，衍生出的就是對於未來的焦慮；或是職場並沒有想像中美好，每天都在加班中度過，整天下來不知道為了什麼而工作，日復一日會開始對這樣的生活感到厭倦，如果又在職場上毫無成績、沒存下錢，焦慮感只會越來越重。

要擺脫現在的焦慮，最好的方式是將內心煩惱的事寫下來，並試著找出解決辦法，將理想目標的達成方式明確化並分段式進行。光是空想而不去執行，我們只會陷入焦慮迴圈，未來當然也不會更好，人生的成就從來就不可能一蹴可幾，都需要時間和不斷地練習。

通常人的失敗往往都是因為堅持不住，或是失敗一次就認為自己不可能做到而選擇放棄；成功的人則是了解一次次的失敗都是經驗的累積，那些經驗會讓自己變得更有深度，也因為有試著努力，過程中就不會認為是在虛度光陰，年齡焦慮感自然也會被稀釋掉。

凡事從頭開始都是困難的，要相信自己能做得到，跨出第一步並持續下去，未來才能有所收穫。

反思筆記

○ 感到焦慮時，找出原因並試著解決問題來源，唯有付諸實踐，才能降低焦慮頻率。

突破心魔，不再與他人比較

隨著年紀增長，會觀察到身旁的人越往兩端發展，一種人的日子過得越來越充實，好像找到了人生的方向，很清楚自己該做什麼事，工作或財務狀況也看似一切完美；另一種人則停留原地，不知道該往哪走，職涯發展不順利，有可能身上還背著各種債務，對於未來不敢多想像。

我們可以檢視一下自己目前是哪一種狀況，這兩者並沒有好壞之分，因為每個人生路上都有起伏，或許他人在這個時間點是站在高點，而你位於相對低點，這都不代表什麼，也不表示你就輸了，而是應該換個角度思考，為什麼會有這樣的差異存在，自己過去是否做事時常選擇放棄，或是未來可以怎麼做讓自己變得更好，有了這樣的想法之後，其實你也在往高點前進了，人不會永遠只停留在一個位置。

每次出去跟朋友聚餐時，最怕被問到「你現在的工作在做什麼？薪資福利好嗎？」之類的問題吧？雖然自己也不喜歡被比較的感覺，但這類問句確實能輕鬆開啟一個話題，藉由彼此探聽了解各行各業的生態，同時也能互吐職場苦水，但這樣的談話過程中很容易在心裡默默地將自身現況與他人比較。

如果職涯進展順利，薪資也不錯的話，會發現其實自己過得並不差，過去的努力也是值得的；換個角度想，如果與其他朋友相比，自己的薪資低、成就也低，一定會對自己沒有自信，除了懷疑自己的能力之外，還會思考過去明明都是同學，怎麼出了社會幾年後差異這麼大？

不過這個互相比較的標準是什麼呢？過去所做的事情沒有開花結果，不是你不夠努力，多數時候是遇到的人事物不適合自己，以及當下的時間點還不恰當。我們做過的事都會內化成獨一無二的個人故事，別人走過的路永遠不會與自己相同，不追求要走相同的路徑，每個人都有各自的才能和天賦，當我們意識到這件事時，才能不偏離自己的人生軌道。

過去從大學延畢、出國工作到回國，每一段過程我都感覺自己落後同儕一大截，當別人畢業找工作時，我還在學校完成學業；當別人已經累積多年工作經驗時，我還只是個相關工作經驗只有一、兩年的新鮮人。

尚未開始經營自媒體前，我曾對幾個好朋友說：「我很佩服你們在一間公司可以待這麼久，且有一份穩定的工作。」對於當時剛回國找不到工作的我來說，的確是令人羨慕的，但其實我一直都清楚為何我會變成現在的模樣，因為我想在20幾歲時多方嘗試、多去探險，不想讓未來的自己後悔。

我們一定都會將自己與他人比較，這是人之常情。

了解自己在做什麼，不愧對內心，比較過後帶來的心情起伏就無法傷害你，我們也可以選擇將比較產生的情緒轉換成為前進的動力。

反思筆記

○比較本身並沒有太大意義，必須回歸自身，了解自己的真正需求。

誠實面對自己的淨資產

為何了解自己的淨資產是重要的，因為它可以當作是一個階段性評估自身財務的方式，在實踐將數字從負轉正的過程，內心也會比較腳踏實地，唯有誠實地面對自己的淨資產，才能針對自身財務狀況去發想解決方式。一開始我就是先計算自己的淨資產為多少，再從節流到開源，將錢存下讓資產變成正數，藉由盤點淨資產，也比較能凝聚財務目標，而不會對理財感到茫然，不知道該從何開始才好。

有些人會逃避債務問題，有些人則認為現在還年輕，理財這種事之後再說。不過隨著時間流逝才發現，當初的債務可能累積越來越多，壓力越來越大。沒有存下錢的年輕人變成了中年人，開銷隨著年紀越來越大，更難存錢規畫未來，總有一天還是得面臨自己的財務問題，不如從現在下定決心開始學習理財，並計算自己擁有多少資產和負債。目前是正數是負數都無所謂，我們只需要先算出來即可，再一步步規畫接下來可以怎麼做，當你願意這樣做時，其實就已經算是開始理財了。

兩年多前對於理財一竅不通的我，也是懵懵懂懂地從淨資產-69,374元，走到現在擁有100萬存款，我才發現理財真的不難，難的是自己是否願意接受現況，並且實際做出改變。理財過程一直都是與過去的自己拔河，你想要擺脫怎麼樣的自己，或想成為什麼樣的人，只有自己能決定。

短暫逃避帶來的感受是舒服的，我也曾覺得月光族沒有不好，每個月刷卡購物的舒暢感難以取代，但實質上這樣的行為長期下來，就是對自身財務的一種傷害，代表我們需要花更多力氣去彌補先前花掉的時間和金錢，如果能提早面對財務問題，之後日子也會過得比較輕鬆。

不用過於擔心眼前的金錢困境，先接受它，也不要鑽牛角尖的想為什麼會這樣，這個數字不能代表你的整個人生，只要現在願意開始調整用錢方式，這樣的微小轉變能帶給自己很大的能量，一步步擺脫負債。

反思筆記

○ 資產－負債＝淨資產

從存錢的那刻起，就是為自己負責

前幾章節分享許多我從負債到有存款的方法，但許多人可能還是停滯不前的原因，很大部分是心裡想的與實際做的不符，我們都想著有天戶頭裡有多少存款該有多好，但每當朋友約聚餐或看到喜歡的東西時，會立刻忘記要存錢這件事。我們只要無法拒絕誘惑，就很難將錢存下，我們必須嚴格看待存錢這件事，並強迫自己存一點也好，減少一次聚會也好，在我們還未達成理想儲蓄目標前，適當地限縮休閒娛樂是必要的。

我們都清楚賺錢不易，出社會後多數人都是先以付出時間、勞力的方式來換取薪資報酬，每個人的時間都很珍貴，賺來的錢應該讓未來的自己過得更好，不然就失去辛苦賺錢的意義了，要怎麼讓未來的自己過得更好，最簡單的方式就是存錢。

從18歲開始打工後，就鮮少跟家裡拿錢，我覺得這算是對自己的人生負責，至少經濟方面可以減輕家裡負擔，但後來才發現原來我以前只是對當下的自己負責，而忽略了老後的自己。以前總覺得離30歲還很遙遠，殊不知時間飛逝，十年一下就過了，這幾年觀察身旁朋友和自己的最大人生體悟，就是未來想要過什麼樣的生活，現在就得提前準備，十年時間是渾渾噩噩過日子，還是選擇認真規畫財務，幾年下來的差距會非常明顯。

經濟獨立也是我覺得每個人都應該做到的，有些人礙於家庭關係無法出去工作，但現在也有許多在家就能工作的職業，多少為自己累積一些儲蓄，以因應未來的各種變化發生，不用完全依賴他人的金錢，也能夠活得更有底氣，人生不就應該過得自由自在嗎？

存錢的目的其實一直都很簡單，就是為自己的生活負責，如果有能力則可以讓周圍的人也感到幸福。多數人為生活操勞，日以繼夜忙的就是賺取生活費，而那些錢應該被妥善利用，提升自己和家人的生活品質，而非讓自己落入為工作而生活，到頭來依然沒錢的窘境，花錢消費前多思考需要付出多少代價，也是在為每一筆辛苦賺來的錢負責。

反思筆記

○為自己的財務狀況負責，越經濟獨立的人，越能享有更多的自由。

適時規畫未來，不過度恐慌

我從以前就喜歡規畫自己的未來要做什麼，不過每當我嘗試後可能又沒那麼有興趣了，加上以前我對於要堅持很久才能看到成果的事情，都很沒有耐心，久而久之就成了什麼都了解一點，但又不是那麼專精的人。20歲到30歲之間也曾對人生非常迷惘，不知道該往哪裡發展才對，原本規畫理想的路徑也都走偏，我只好繼續找尋下一個能讓我的心短暫停留的地方。

開始經營自媒體分享自身故事後，發現許多人擁有的煩惱都與我相似，無論是職涯或是理財的問題。

我們很容易因為進入職場後發現與自己想做的不同，或是同事、主管間的各種相處問題，逐漸對現在的公司不滿，認為反正外面工作這麼多，大不了再換就好。有這種心態是好事，至少不會受限於一個地方，讓自己感到委屈。實際上每間公司都有各自的問題，現在遇到的問題，跳到別的地方還是有可能會再遇到，要調適的應該是自己的心態，了解自己工作的目標和目的，才能往好的方向思考，有的人因為一時忍受不了離開，沒有計畫好接下來怎麼走，也還沒準備好緊急備用金，為了養活自己就先隨便找了份工作，結果反而過得比原來還糟。

多年經驗告訴我一件事，規畫未來不要太死板，並非一定得怎樣才行！

人的興趣和想法會隨著時間改變，我們所學的專業不一定會成為我們的職業，但我們所學的每個技能都不會浪費，它可以成為之後結識人脈的話題，也有可能在某天成為你嶄露頭角的利器，計畫一定會有變化和各種阻礙，我們可以順著變化找到適合自己的路，為每一項計畫保留點彈性，照著原本計畫走不一定會通往最好的路，或許轉個彎遇到的人事物，反而能帶領你看到不同的視野，適時的規畫就好，活在每一個當下，才能更從容地面對每一個難關。

「順其自然」是我近幾年很喜歡說的一句話，雖然看似無所作為，但不代表可以什麼事都不去努力看看，而是盡力嘗試之後，不過度追究成果。很多事情無法百分之百掌控，也不需追求完美，讓自己順勢而為發展，會過得更快樂！

反思筆記

○前往理想人生的路途上，總會有許多阻礙，讓它成為你的墊腳石吧！

慢慢來，比較快

曾經收到一則私訊：「如果現在沒有錢的話，可以怎麼投資股票呢？」我的回覆是先存好半年以上的緊急備用金！

不急著要從投資中賺到錢，而是要先整頓好自身的財務，整頓好之後才有可能賺到錢，因為這牽涉到你的生活習慣以及用錢思維，在還沒有建立正確的投資理財概念前，都不要相信旁人的投資建議。

我們都想一夜致富，如果能早點退休，人生應該會過得更快樂吧？有更多時間可以做自己想做的事情，也有更多時間可以陪伴家人。

這應該是每個上班族的心聲，因為在職場待久了會逐漸失去曾經的夢想，會開始對生活麻痺，甚至週一就開始等待假日的來臨。越想遠離這樣的生活，我們就越想快點賺到更多錢，這樣才有本錢離開，但世上真的沒有快速賺錢的方法，就算有的話，前期也得做很長時間的累積，才有可能「快速」賺到錢。

曾經不懂得開源節流的我簡單換算過，假設一個月能存5千元，一年下來也只有少少的6萬元，要存到理想的緊急備用金15萬元，也至少要兩年多才行。當時認為這樣存太慢了，但其實我只是將現有的薪資收入算進去，而忽略了這段時間我能投資自己，提升專業價值後跳槽，或是利用下班時間經營自媒體開源，因為這樣的自我投資風險最低，也最有機會發展成為長久的收入來源。

像是經營自媒體，一開始是從互惠推廣再到後期的接案業配，前後花了一年多的時間才陸續有收入，這一年是累積個人信譽的過程，可以視為一種低風險創業，也能當作是在磨練耐心。多數人急於看見自媒體帶來的效益，但其實不管是存錢也好、經營自媒體也好，都是從零開始累積，並需要時間發酵。

存到一些錢後，我陸續將資金挪到股票上，投資方式是存股，對我來說存股很適合我的個性，我不喜歡太高風險的投資，又加上我是買股票的新手，所以我先選擇每個月定期定額3萬元購入ETF和銀行股，分散掉買在高點的風險，耐心等待個3年、5年時間，也能藉由複利累積不少資產。

謝謝你閱讀到這。

我在分享理財、經營自媒體或個人成長時，都從中了解到，現在做的每一個小小努力都有意義，它將會是成功的基底；同時我們也得放下急於功成名就的心，按部就班執行每個計畫，慢慢來，真的會比較快。

國家圖書館出版品預行編目資料

30 歲開始，理財不焦慮：從斷捨離開始的金錢整理／30 節約男子 著.
-- 初版 -- 臺北市：如何出版社有限公司，2023.10
240 面；14.8×20.8 公分 --（Happy Fortune；22）
ISBN 978-986-136-671-5（平裝）

1. CST：個人理財　2. CST：儲蓄

563　112013734

Eurasian Publishing Group
圓神出版事業機構
用心與你對話．視野無限寬廣
如何出版社
Solutions Publishing

www.booklife.com.tw　reader@mail.eurasian.com.tw

Happy Fortune 022

30歲開始，理財不焦慮：從斷捨離開始的金錢整理

作　　者／30節約男子
發 行 人／簡志忠
出 版 者／如何出版社有限公司
地　　址／臺北市南京東路四段50號6樓之1
電　　話／（02）2579-6600．2579-8800．2570-3939
傳　　真／（02）2579-0338．2577-3220．2570-3636
副 社 長／陳秋月
副總編輯／賴良珠
專案企畫／尉遲佩文
責任編輯／柳怡如
校　　對／柳怡如．張雅慧
美術編輯／蔡惠如
行銷企畫／陳禹伶．朱智琳
印務統籌／劉鳳剛．高榮祥
監　　印／高榮祥
排　　版／杜易蓉
經 銷 商／叩應股份有限公司
郵撥帳號／18707239
法律顧問／圓神出版事業機構法律顧問　蕭雄淋律師
印　　刷／祥峰印刷廠
2023年10月 初版
2024年3月　5刷

定價340元　ISBN 978-986-136-671-5